Das kleine Handbuch der Rhetorik [2100]

Einwände entkräften

Das ist doch nicht machbar! – Oder doch?

Horst Hanisch

© Zweite Auflage: 2019 by Horst Hanisch, Bonn

© Erste Auflage: 2017 by Horst Hanisch, Bonn

Bibliografische Information der Deutschen Nationalbibliothek: Die Deutsche Nationalbibliothek verzeichnet diese Publikation in der Deutschen Nationalbibliografie; detaillierte bibliografische Daten sind im Internet über dnb.dnb.de abrufbar.

Der Text dieses Buches entspricht der neuen deutschen Rechtschreibung.

Idee und Entwurf: Horst Hanisch, Bonn

Lektorat: Alfred Hanisch, Bonn; Annelie Möskes, Bornheim

Buchsatz: Guido Lokietek, Aachen; Horst Hanisch, Bonn

Umschlag: Christian Spatz, engine-productions, Köln; Horst Hanisch, Bonn

Zeichnungen: Horst Hanisch, Bonn

Herstellung und Verlag: BOD – Books on Demand GmbH, Norderstedt

ISBN: 978-3-7448-3967-9

Das kleine Handbuch der Rhetorik 2100

Einwände entkräften

Das ist doch nicht machbar! – Oder doch?

Inhaltsverzeichnis

Einleitung

„Machbar oder nicht?"

Nun haben Sie so fantastisch präsentiert und warten auf die Rückmeldung Ihrer Zuhörer. Endlich meldet sich einer. „Ja, das war ja alles ganz nett, was Sie uns erzählt haben. Aber – das lässt sich in unserem kleinen Unternehmen gar nicht so umsetzen."

Zack, das hat gesessen. Sie versuchen, Ihre Gesichtszüge nicht entgleisen zu lassen. Was war das denn eben? Tagelang haben Sie sich vorbereitet, an jedem Argument gefeilt, ansprechende Folien eingefügt – und dann fegt das einer mit einer einzigen Aussage als nicht umsetzbar vom Tisch.

Hier verwendet der Zuhörer eine sogenannte Killerphrase, mit der viele Argumente schnell und wirkungsvoll ins Schwanken gebracht werden können.

Keine Angst – glücklicherweise gibt es ausgezeichnete Möglichkeiten der Einwandbehandlung, um den ‚verbalen Angriff' des Zuhörers sofort zu entkräften.

Arbeiten Sie erfolgreich mit der Isolationstechnik, der Bumerang-Methode, der Vorwegnahme-Methode und anderen. So sind und bleiben Sie auf der Gewinnerseite.

Entkräften Sie sprachgewandt unqualifizierte Einwände!

Praxisnah, zeitgemäß und kompakt. Das sind drei interne Vorgaben für unsere Rhetorik-Ratgeber. In unserer Reihe der kleinen Rhetorik-Handbücher wird jeweils ein wesentlicher Teil aus dem umfangreichen Bereich der Rhetorik kompakt vorgestellt.

Die Themenbereiche sind beispielsweise den Büchern ‚Das große Buch der Rhetorik [2100]' oder ‚Trickreiche Rhetorik [2100]' vom selben Autor entnommen.

Die Zahl 2100 steht dabei für das 21. Jahrhundert, was die Aktualität der Themen unterstreicht. Diese entsprechen den heutigen Anforderungen im beruflichen Umgang miteinander.

Im vorliegenden Ratgeber „Rhetorik – Einwände entkräften" wird schwerpunktmäßig auf folgende Themen eingegangen:

- Schlagkräftig argumentieren

- Tödlichen Killerphrasen geschickt begegnen und Einwände professionell entkräften

- Taktiken gegen verbale Listigkeiten

Viel Erfolg bei der Vertiefung bestehenden Wissens und erfolgreichen Einsatz im Berufsleben.

Teil 1 – Schlagkräftig argumentieren

Mit Argumenten überzeugen

„Das ist doch kein Argument!"

„Das ist doch kein Argument!" Leicht entrüstet stößt ein Gesprächspartner diesen Satz aus, kreuzt die Arme vor der Brust und lehnt sich schon schmollend in seinem Stuhl zurück.

Was war geschehen? Zwei Personen tauschen sich in einem Dialog zu einem strittigen Thema aus.

Beide versuchen nachvollziehbarerweise den Dialogpartner von ihrer Meinung zu überzeugen.

Das ist absolut legitim, solange verbal fair miteinander umgegangen wird.

Saubere Gesprächssituation

Am besten kann jemand in einer sauberen Gesprächssituation überzeugt werden, wenn ehrlich vorgegangen wird – gemeint ist, bei der Wahrheit zu bleiben.

Weiter müssen die genannten Informationen nachvollziehbar sein. Das sind sie, wenn sie logisch aufgebaut werden.

Ausflug in den Beginn der rhetorischen Logik vor 2.000 Jahren

Hierzu werden wir einen kleinen Ausflug machen in die Vergangenheit, die mehr als 2.000 Jahre zurückliegt.

Große und bekannte Köpfe haben sich hier schon Gedanken über die Logik im Dialog und Argumentation gemacht.

Stammtischparolen

Ein Gespräch wird nicht zum Erfolg kommen, wenn nur ‚Stammtischparolen' in den Dialog geworfen werden. Auch sogenannte Killerphrasen führen nicht zum Erfolg.

In diesem ersten Teil, liebe Leserin, lieber Leser, wird gezeigt, was ein Argument ist beziehungsweise wie dieses aufgebaut wird.

Dabei wird schnell klar, dass es verschiedene Qualitätsstufen von Argumenten gibt.

Schwache Stufe – die No-Power-Argumente

In der schwächsten Stufe finden sich die No-Power-Argumente, die genau genommen gar keine sind.

Da sie in Dialogen trotzdem oft (gezielt oder unbedarft) eingesetzt werden, wird sich diesem Bereich besonders gewidmet.

Trainieren Sie, gut zu argumentieren, damit Ihre Aussagen eine überzeugende Schlagkraft erzielen.

Ihrem Gesprächspartner wird es dann schwerer fallen, geeignete Gegenargumente zu finden.

Logik im zwischenmenschlichen Dialog

Blick in die Vergangenheit

Wird über Argumente geredet, soll zuerst klargestellt werden, was Argumente überhaupt sind.

Was ist ein Argument?

Das Wort Argument kommt aus der lateinischen Sprache. Dort heißt es ‚argumentum‘, das wir heutzutage als ‚Veranschaulichung‘ beziehungsweise als ‚Beweisgrund‘ bezeichnen.

Auch das Wort Prämisse kommt aus der lateinischen Sprache. Dort heißt es ‚praemissa‘ und bedeutet so viel wie ‚das Vorausgeschickte‘. In der logischen Argumentation ist die Prämisse eine Voraussetzung beziehungsweise eine Annahme und wird beispielsweise als Vordersatz bezeichnet. Aus der Annahme wird später die logische Schlussfolgerung (Konklusion) gezogen.

Wen wundert es, dass das Wort Konklusion auch der lateinischen Sprache ‚conclusio‘ entnommen ist. Es steht in der Argumentation für ‚Schlussfolgerung‘. Das Wort Konklusion wird im rhetorischen Zusammenhang auch als Zusammenfassung einer Rede bezeichnet.

Die ‚Großen‘ Sokrates, Platon und Aristoteles

Schon die altbekannten Rhetoriker Sokrates, Platon und Aristoteles übten sich erfolgreich in der Redekunst. Sie lebten unmittelbar hintereinander und einer kannte immer den nächsten.

- Sokrates (470 – 399 v. Chr.) („Ich weiß, dass ich nicht[s] weiß.").

- Plato(n) (427 – 347 v. Chr., Schüler Sokrates) gründete die Akademie (Akademos), die erst 529 durch Kaiser Justinian geschlossen wurde.

- Aristoteles (384 – 322 v. Chr.) war über 20 Jahre Schüler des Plato(n). Im Jahre 342 wird er Lehrer Alexanders des Großen (356 – 323 v. Chr.).

Dialektik

Die Kunst der Gesprächsführung sowie die Fähigkeit, durch Rede und Gegenrede zu überzeugen, heißt Dialektik.

Das Ziel der Argumentations-Technik ist es, rhetorisch zu überzeugen, um in Verkaufsgesprächen, in Kritikgesprächen, in der Werbung und Bewerbung, in Präsentationen und so weiter zu überzeugen.

Logisches Vorgehen

Dazu braucht es ein gewisses logisches Vorgehen.

Damit wir das Rad nicht neu erfinden müssen, gehen wir nicht ganz zweieinhalb tausend Jahre zurück und schauen uns den Beginn der logischen Rhetorik an.

Dazu bedienen wir uns der drei großen Rhetoriker.

Wir beginnen mit dem ältesten, mit Sokrates.

Sokrates – Das elenktische Verfahren

Sokrates war wie seine Kollegen ein hervorragender Redner. Er redete immer und überall. Teilweise auch zum Leidwesen seiner Zeitgenossen. Er redete sich sprichwörtlich ‚um Kopf und Kragen‘.

Geredet wurde öffentlich. Die Kunst der Rede war damals sehr hoch angesehen. So musste sich beispielsweise ein Angeklagter selbst verteidigen.

Sokrates wurde trotz (oder wegen?) seiner rhetorischen Brillanz zum Tode verurteilt.

Sein Tod sollte durch den sogenannten Schierlingsbecher herbeigeführt werden. In einem Becher befand sich ein Getränk unter Beimischung eines Pflanzenextraktes des ‚Gefleckten Schierlings‘.

Logisch bis in den Tod

Sokrates schaffte es, an seinem Todestag noch seinen anwesenden Schülern logisch aufzuzeigen, dass das Leben aus Gegensätzen besteht. Es kann nur ein Klein geben, wenn es auch ein Groß gibt.

Schnell benötigt das Gegenstück Langsam usw. Demnach, so Sokrates Logik, muss es Leben und auch Tod geben. Sokrates fürchtete sich nicht, aus dem Becher mit dem Gift zu trinken. Er sah den Tod lediglich als Gegensatz zum Leben an, so wie Klein im Gegensatz zu Groß zu sehen ist.

Seine Zuhörer berichten von den letzten Stunden Sokrates und auch davon, dass die Frage nach der Seele auftauchte.

Obwohl der scharf denkende Sokrates vorher logisch über notwendige Gegensätze argumentierte, konnte er nun argumentativ darlegen, dass die Seele unsterblich sein muss. Es könne keine sterbliche Seele geben.

Nachzulesen im Handbuch ‚Platon Hauptwerke‘ vom Alfred Kröner Verlag Stuttgart, 1973, bearbeitet von Wilhelm Nestle.

Sokrates trank schließlich aus dem Giftbecher. Er schlenderte im Gefängnisraum hin und her, um das Gift optimal wirken zu lassen. Nachdem seine Beine schwach wurden, legte er sich hin. Das Gift lähmte seinen Körper von den Beinen an nach oben.

Zurück zu seiner Lebenszeit.

„Viele wissen wenig"

Sokrates erkannte bei den Gesprächen mit seinen Mitmenschen, dass diese glauben, viel Wissen zu haben, das sich aber oft als Scheinwissen herausstellt.

Das Scheinwissen hält der Logik bei weiterer Befragung nicht stand. Das erklärte Sokrates.

Diese Erkenntnis muss Sokrates fast ‚wahnsinnig' gemacht haben. Auch heute ist in einfachen Dialogen immer wieder zu hören, dass Menschen irgendeine Aussage in den Raum werfen, die unkommentiert stehenbleibt.

Die Gespräche verlaufen teilweise ausgesprochen oberflächlich. Wird gezielter nachgefragt, kommen die Gesprächsteilnehmer unter Umständen schnell ins Straucheln.

Sie können Ihre Aussagen nicht untermauern. Die Aussagen halten keiner Nachfrage stand.

Gerne wird in diesem Zusammenhang auch von Stammtischparolen gesprochen.

Das soll aussagen, dass unreflektiert Behauptungen aufgestellt werden, denen viele Menschen ohne großartig überlegen zu müssen, zustimmen können.

Ein seriöses Gespräch beispielsweise in einem beruflichen Zusammenhang, kann und darf nicht so oberflächlich geführt werden.

Deshalb entwickelte schon Sokrates eine Vorgehensweise, genannt das elenktische Verfahren, um dem Gesprächspartner zu zeigen, dass sein Wissen kein echtes Wissen, sondern lediglich ein Scheinwissen ist. Elenktik ist die Kunst des Beweisens, Widerlegens und Überführens.

Scheinwissen

Die Vorgehensweise:

Frage	Sokrates stellt eine Frage. „Wie gefällt dir das Kleid?"
Scheinwissen	Der Gesprächspartner gibt eine Antwort, die ein Scheinwissen zeigt. „Das Kleid ist hübsch."
Prüfung und Widerlegung	Sokrates hinterfragt, prüft, widerlegt in Bezug auf Relation, Quantität, Qualität usw. „Hübsch im Vergleich wozu?"
Erkenntnis des Nichtwissens	Der Gesprächspartner wird verlegen (Aporie = Ausweglosigkeit). „Ja …"

Der Gesprächspartner merkt, dass seine Aussage keinen vernünftigen Bestand hat. Laut Sokrates kommt er zur ‚Erkenntnis des Nichtwissens'.

Es entsteht eine Ausweglosigkeit beziehungsweise eine Ratlosigkeit.

Das bedeutet ein Umdenken in der Argumentation.

Der Umschlagpunkt

Zu Sokrates' Zeiten wurde das als Aporie (gr. ‚aporía' gleich ‚Ausweglosigkeit', ‚Ratlosigkeit), als Umschlagpunkt, bezeichnet.

Die Aporie stellt den Umschlagpunkt dar. Das Gespräch kann nun mit der gemeinsamen Suche nach dem praktischen Wissen weitergeführt werden.

Neuaufnahme der Frage	Sokrates fragt erneut.
Bereitschaft zu lernen	Gesprächspartner antwortet präziser.
Weitere Prüfung	Sokrates fragt weiter nach.
Selbst-Erkenntnis	Der Gesprächspartner erkennt praktisches Wissen.

Auch heute noch ist in Diskussionen immer wieder festzustellen, dass manch einer mit Scheinwissen um sich wirft.

Die anderen Gesprächspartner zeigen sich beeindruckt und halten den Mund.

Seien Sie aufmerksam und hören genau zu, was der andere sagt. Wenn Sie merken, dass hier mit Scheinwissen gearbeitet wird, können Sie mit Sokrates' Hilfe dieses entlarven.

Fragen Sie nach, hinterfragen Sie, überprüfen Sie. So kommen Sie nach und nach zum Kernpunkt der Aussage.

Überzeugende Darstellung

Die Herausforderung des Redners ist, jeden x-beliebigen Sachverhalt absolut überzeugend vertreten zu können.

Er muss fähig sein, Fakten logisch darzulegen und sogar eine Schwäche als Stärke zu zeigen.

Allerdings kann ein Satz in einer Situation wahr, in einer anderen falsch sein.

Zum Beispiel:

- Erster Vordersatz (Prämisse): Menschen haben zwei Beine.

- Zweiter Vordersatz (Prämisse): Herr Schubert hat zwei Beine.

- Schlusssatz (Konklusion): Also ist Herr Schubert ein Mensch.

Hier lässt sich zweifellos zustimmen. Wie sieht es im nächsten Fall aus?

- Erster Vordersatz (Prämisse): Menschen haben zwei Beine.

- Zweiter Vordersatz (Prämisse): Ein Känguru hat zwei Beine.

- Schlusssatz (Konklusion): Also ist ein Känguru ein Mensch.

Ha, obwohl die beiden Vordersitze stimmen, ist der Schlusssatz falsch!

Protagoras – Homo-mensura-Satz

Daraus folgt, dass es keinen objektiven Sachverhalt geben kann.

Es resultiert der berühmte ‚Homo-mensura-Satz' des Protagoras (um 490 – 411 v. Chr.):

- „Der Mensch ist das Maß aller Dinge, des Seienden für sein Sein, des Nichtseienden für sein Nichtsein."

Der Homo-mensura-Satz gilt als Kernstück des sophistischen Denkens:

- „Der Mensch bestimmt das Sein, alles darüber Hinausgehende wird abgelehnt (Skeptizismus), und alles Sein ist nicht objektiv, sondern subjektiv und wandelbar (Relativismus).

Skeptisch bleiben

So bleiben Sie skeptisch bei unklaren oder nicht passenden Aussagen. Orientieren Sie sich am Objektiven, soweit das möglich ist.

Plato(n) und der Dialog

Mit sich selbst sprechen mag nett sein – vor allem dann, wenn Sie sich nicht widersprechen.

Auf die Dauer kann das trotzdem sehr langweilig werden. Das zwingt den Menschen sozusagen dazu, sich mit anderen auszutauschen. Der Mensch will seine Gedanken und Ideen anderen mitteilen.

Im Gegenzug erwartet er Feedback, Rückmeldung, Zustimmung oder anderes.

Weiterentwicklung heißt Fortschritt

Durch den ständigen Austausch kann Neues erfahren werden, der Einzelne kann sich weiterentwickeln. Weiterentwicklung heißt Fortschritt.

Das ist gut so, sonst wären wir heute nicht hier, wo wir sind.

Dialog

Andere Menschen an einer Erkenntnis teilnehmen zu lassen, nennt Plato(n) einen Dialog. Denn, nach Plato(n)s Überzeugung ist der Weg der Rückerinnerung im Dialog möglich.

Damit wird mit Begriffen und Wörtern umgegangen, die die Ideen und Erinnerungen widerspiegeln.

Die Bedeutung der Sophisten

Sokrates, Protagoras und Plato(n) wurden als Sophisten bezeichnet.

Sophist (gr. ‚sophistaî', lat. ‚sophistae') ist einerseits der ‚Wortverdreher', andererseits der Wissende (Als Vorname Sophia: ‚Weisheit').

Nachdem in der griechischen Naturphilosophie nicht der Mensch die wichtigste Rolle spielt, zeigt sich bei den Sophisten ein Wandel zum Menschen.

Der Mensch wird zum Mittelpunkt in den philosophischen Gedankengängen.

Deshalb wird auch die verbale – zwischenmenschliche – Kommunikation, also die Sprache, immer wichtiger. Die gesprochene Sprache spielte bei den Sophisten eine überragende Rolle.

Eros

Den Antrieb, der den Menschen immer wieder in die Region des wahren Seins und des Guten führt, nennt Plato(n) ‚Eros'.

Er weckt im Menschen die Sehnsucht, sich der Schau der Ideen zu widmen.

Im Symposion (gesellschaftlichen Zusammensein, später als wissenschaftliche Konferenz bezeichnet) wird Eros als das philosophische Streben nach der Schönheit der Erkenntnis beschrieben.

Zwischen der Welt des Sinnlichen und der des Geistigen nimmt er eine vermittelnde Funktion ein.

Im Verhältnis zum Mitmenschen zeigt sich sein pädagogischer Aspekt (epiméleia) darin, die anderen an der Erkenntnis teilnehmen zu lassen.

Gegensätzliche Positionen im Dialog

Dialektisch, also ohne Zuhilfenahme der Anschaulichkeit und bildhaften Darstellung, sollen die Ideen im Dialog logisch dargestellt werden.

Gleichzeitig soll uns ihr Verhältnis untereinander deutlich gemacht werden.

Die Figuren der platonischen Dialoge nehmen also bewusst gegensätzliche Positionen ein (Dialektik ist in diesem Zusammenhang die Logik des Widerspruchs), um Thesen an ihren Antithesen zu prüfen.

Ziel: Kontroverse Themen durch Aussage und Gegenaussage (These und Antithese) schlüssig durch eine Konklusion beziehungsweise Synthese darzustellen.

Aristoteles und seine Logik

Aristoteles war immerhin über 20 Jahre Schüler des Plato(n). Im Jahre 342 wird er Lehrer Alexanders des Großen. Eine beachtliche Karriere!

Deshalb lässt sich zweifellos davon ausgehen, dass Aristoteles ein heller Kopf war.

Er musste ein unglaubliches Wissen besitzen, das er durch Lernen und Lehren immer erweiterte.

Ihm war wichtig, eine rhetorische Beweiskette aufzustellen.

Syllogismus – Rhetorische Beweiskette

Der Syllogismus (gr. ,syllohismos' gleich ,logischer Schluss') spielt eine wesentliche Rolle. Eine Kette von mehreren Schlüssen ist ein Beweis.

Diese Methode nennt sich deduktiv, denn sie geht vom Allgemeinen zum Besonderen.

Nach Aristoteles soll es ein Ziel der Wissenschaft sein, zwingend das Bestehende aus seiner Ursache abzuleiten.

Der Gegenbegriff zur Deduktion ist die Induktion. Die Induktion sucht nach dem Gemeinsamen innerhalb einer Gattung.

Deduktion	Induktion
= Ableitung des Besondern aus dem Allgemeinen	= Schlussfolgerung vom Einzelnen auf das Allgemeine

Seine Überlegungen hierzu lassen sich wie folgt in einem Bild darstellen (links Deduktion, rechts Induktion):

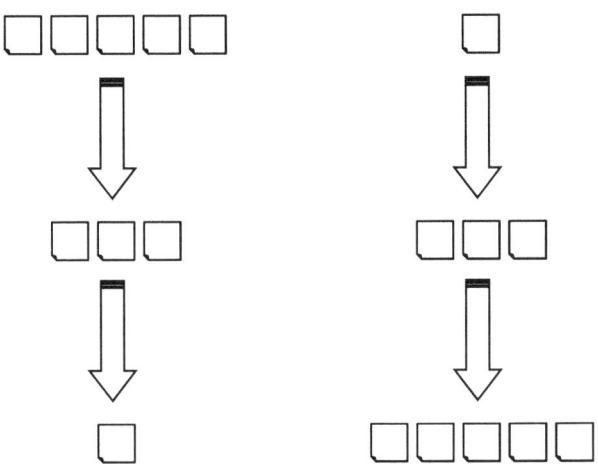

In der Vorgehensweise der Deduktion suchen Sie sich zuerst viele Beispiele aus dem allgemeinen Leben.

Suchen Sie Gemeinsamkeiten, die Sie in einer nächsten Stufe reduzieren.

Schließlich gelangen Sie auf den Kernpunkt.

Bei der Induktion nennen Sie einen konkreten Fall und zeigen, wie er auch in anderen Beispielen passt.

Dann übertragen Sie die Gemeinsamkeiten auf die Allgemeinheit.

Das System des Status – Hermagoras von Temnos

Reden im alltäglichen, gesellschaftlichen Kontext kann gegebenenfalls ungeordnet verlaufen.

Im beruflichen sind die Anforderungen meist anspruchsvoller. Denn hier geht es um jedes Wort.

Und wo wird jedes Wort noch sensibler leuchten? Na, vor Gericht, beispielsweise dann, wenn eine Anklage vorliegt. Jetzt muss überlegt vorgegangen werden.

So baute der griechische Redelehrer Hermagoras von Temnos (er lebte im 2. Jahrhundert vor Christus; die genauen Lebensdaten sind unbekannt) ein interessantes System auf, das als ‚System des Status' bezeichnet wird.

Seine 6 Bücher nahmen großen Einfluss in der römischen Rhetorik.

Streitstand

Speziell vor Gericht wurde mit dem System des Status constitutio (Streitstand), also dem Punkt, um den gestritten wird, gearbeitet.

Nach Hermagoras von Temnos setzt sich das System wie unten beschrieben zusammen.

Genus rationale (Bereich der Argumentation)

Nach der Beschuldigung durch den Ankläger wird so reagiert.

Status coniecturalis

1. Status (status coniecturalis)

ist die Mutmaßung (Frage nach dem Täter)

„Nein" – Ablehnung der Beschuldigung durch den Angeklagten.

Status definitius

2. Status (status definitius)

ist die Definition (Frage nach dem Delikt)

„Ja, aber mildere Deliktskategorie." – Bejahung durch den Angeklagten.

Aber aus Sicht des Beklagten liegt eine Beschuldigung vor, die nur zum Teil berechtigt ist.

Status qualitatis

3a. Status (status qualitatis)

ist die Beschaffenheit (Frage nach der Rechtfertigung).

Wir unterscheiden zwischen dem absoluten Rechtfertigungsstatus (constitutio iuridicialis absoluta) und dem relativen Rechtfertigungsstatus (constitutio iuridicialis assumptiva).

Hier betrachten wir den absoluten Rechtfertigungsstatus:

„Ja, aber die Tat war gerechtfertigt." – Bejahung durch den Angeklagten.

Aber aus Sicht des Beklagten ist er der Meinung, dass die Tat uneingeschränkt gerechtfertigt war.

Status qualitatis

3b. Status (status qualitatis)

Hier betrachten wir den relativen Rechtfertigungsstatus

„Ja, aber …" – Bejahung durch den Angeklagten.

Zugeständnis (concessio): Aus Sicht des Beklagten lag Rechtsunkenntnis oder höhere Gewalt vor, sodass er der Meinung ist, dass die Tat gerechtfertigt war.

Übertragung des Vorwurfs (translatio criminis): Aus Sicht des Beklagten ist er das Opfer.

Er ist überzeugt, in Notwehr gehandelt zu haben, sodass er der Meinung ist, dass die Tat gerechtfertigt war.

Zurückweisung des Vorwurfs (remotio criminis): Aus Sicht des Beklagten handelte er auf Befehl, also auf Anweisung einer dritten Person.

Er konnte – und durfte – nicht anders handeln. Deshalb argumentiert er, unschuldig zu sein.

Vergleich (comparatio): Aus Sicht des Beklagten war die begangene Tat besser als eine nicht begangene Tat. Er musste also so handeln. Deshalb meint er, unschuldig zu sein.

Translatio

4. Status (translatio)

ist die Übertragung (Ablehnung des Verfahrens)

„Du hast nicht das Recht, mich zu beschuldigen!"

Der Angeklagte ist der Meinung, dass der Beschuldigende (zum Beispiel das handelnde Gericht) nicht zuständig sei.

Genus legale (Steuerung der Auslegung von juristischen Texten)

Vier Kategorien werden unterschieden:

Scriptum sententia

1. Kategorie (scriptum sententia) Wortlaut und Sinn
Der geschriebene Text entspricht nicht dem Sinn des Textes.

Leges contrariae

2. Kategorie (leges contrariae) widersprüchliche Gesetze
Verschiedene Gesetze werden gegeneinander ausgespielt.

Ambiguitas

3. Kategorie (ambiguitas) Doppeldeutigkeit
Verschiedene Interpretation des Gesetzestextes.

Ratiocinatio

4. Kategorie (ratiocinatio) Folgerung, Analogieschluss
Eine Gesetzeslücke liegt vor, weshalb vergleichbare Gesetzestexte argumentativ genutzt werden.

Soweit die Theorie. In der Praxis heißt es, auch hier einen kühlen Kopf zu bewahren, da aufgrund von Nervosität Stress aufgebaut werden kann.

Gerade vor Gericht braucht es einen freien und stressfreien Kopf.

Scholastik

Damit wir sehen, dass die Kunst der argumentativen Rhetorik nicht in der Antike verstaubt ist, weisen wir hier auf das Mittelalter hin.

Karl der Große und die Schulen

Im 9. Jahrhundert nach Christus beginnt eine Periode, die als Scholastik bezeichnet wird. Karl der Große (742 – 814) gründete Dom- und Hofschulen.

In diesen Dom- und Hofschulen – und später auch an den Universitäten – waren Lehrer beschäftigt, die sich schulmäßig mit den Wissenschaften beschäftigten. Diese Lehrer wurden Scholastiker (lat. schola = Schule) genannt.

Für und Wider

Scholastik bezeichnet die Methode, Fragen rational im Für und Wider zu prüfen, um dann zu einer Lösung zu führen.

Dabei sind Rückgriffe auf bisheriges Wissen und kritische Auseinandersetzung mit geltendem Wissen wichtige Merkmale der Scholastik.

In der Zeit des hohen Mittelalters versuchten Gelehrte, Theologen, Ordensleute, Naturwissenschaftler und anderre wissenschaftlich Unklares, Verwirrtes zu klären.

Diskussions-Foren – These, Antithese und Synthese

Es gab jedoch viele dieser Fachleute, Autoritäten, von denen jeder seine eigene These vertrat, vielleicht sogar recht hartnäckig.

Um zu Ergebnissen zu kommen, um Streitfragen zu klären, wurden an den Universitäten Disputationes, Diskussions-Foren eingerichtet.

Streitgespräch

In diesen Foren stellten zwei fachlich geschulte Studenten die Thesen ihrer jeweiligen Autoritäten vor.

In akademischen Streitgesprächen, auch Quaestiones oder Disputationen genannt, versuchte der eine Student die These des anderen durch eine Antithese zu widerlegen.

Aus den beiden Thesen beziehungsweise Antithesen musste im Laufe eines Vormittags eine Lösung gefunden werden – die Synthese.

Den Autoritäten stellte der Magister am Nachmittag die von den Studenten gefundene Synthese zur Entscheidung vor.

Noch heute ist diese Methode der Lösungsfindung ein ziemlich sicherer Weg, Verwirrungen zu entwirren!

Thomas von Aquin

Thomas von Aquin (1225 – 1274), Systematiker (Systematik = wissenschaftliche Vorgehensweise) war ein Schüler von Albertus Magnus (um 1200 – 1280).

Er gilt als der wichtigste Philosoph des Hochmittelalters und Hauptvertreter der Scholastik.

Pro und contra

Zu einer Aussage werden Argumente dafür (pro) und dagegen (sed contra) gesucht.

Anschließend folgt eine Antwort (responsio).

Im Anschluss werden die einzelnen Argumente (ad 1, ad 2 …) im Hinblick auf die Antwort untersucht.

Friedrich Hegel und die Dialektik

Widmen wir uns wenigsten einem Gelehrten aus der Neuzeit.

Georg Wilhelm Friedrich Hegel, deutscher Idealist (1770 – 1831) fasst die Dialektik (Rede und Gegenrede führen; Logik des Widerspruchs) als die Gesetzmäßigkeit auf.

Rede und Gegenrede

Diese Gesetzmäßigkeit liegt der Natur des Denkens und der Wirklichkeit selbst zugrunde: Seiner Meinung nach birgt jede These in sich bereits eine Antithese.

These und Antithese werden in der Synthese aufgehoben.

Argumentation

Zusammensetzung eines Arguments

Wir wissen nun über die Bedeutung der Logik in der Argumentation.

Nun wenden wir uns dem Thema Argumentation zu. Es wird beschrieben, wie ein Argument aufgebaut wird und wie dieses sinnvoll und erfolgversprechend eingesetzt werden kann.

Behauptung als Basis

Zu einem Argument gehören die Gründe für eine Behauptung. Ein Argument besteht aus (mindestens) zwei Bestandteilen.

1.	Dem Standpunkt.	Das ist die Konklusion.
2.	Der Begründung.	Das ist die Prämisse.

Ein Argument kann mehr als eine Prämisse haben.

Fehlt die Prämisse, bleibt lediglich der Bestandteil der Konklusion. Es liegt eine nicht bewiesene Behauptung vor. Dann entsteht der Fall, wie eingangs beschrieben, dass der Gesprächspartner die Meinung äußert „Das ist doch kein Argument." Ohne Argument lässt sich nicht argumentieren – das erscheint uns logisch.

Ohne Prämisse bleibt nur eine Behauptung

„Frau Mertens ist eine gute Mitarbeiterin."

Unabhängig davon, ob diese Behauptung wahr ist, fehlt die Begründung zu dieser Aussage. Möglicherweise vertritt ein anderer eine ganz andere Meinung.

„Frau Mertens ist eine schlechte Mitarbeiterin."

Nun steht Aussage gegen Aussage. Ein Dialog könnte so verlaufen.

A	„Frau Mertens ist eine gute Mitarbeiterin."
B	„Nein, Frau Mertens ist eine schlechte Mitarbeiterin."
A	„Doch."
B	„Nein."
A	„Doch."

… und so weiter. Die Folge mag sein und wird sein, dass erstens keine Lösung gefunden wird und die beiden Gesprächspartner zornig auseinandergehen.

Behauptung begründen

Damit das nicht geschieht, wird Gesprächspartner A seine Meinung begründen.

„Frau Mertens ist eine gute Mitarbeiterin."	Konklusion
„Sie hat beim letzten Projekt weitsichtig, zeitnah und teamorientiert zum Erfolg beigetragen."	Prämisse

Aus der Behauptung wurde nun ein Argument. Selbstverständlich kann Gesprächspartner B immer noch anderer Meinung sein. Er müsste jetzt aber die Prämisse widerlegen.

Zwei Prämissen

Ein Argument kann sich zweier (oder noch mehr) Prämissen bedienen. Dabei wird die erstgenannte als Obersatz die zweitgenannte als Untersatz bezeichnet.

„Frau Mertens ist eine gute Mitarbeiterin."	Konklusion
„Sie hat beim letzten Projekt weitsichtig, zeitnah und teamorientiert zum Erfolg beigetragen."	1. Prämisse (Obersatz)
„Außerdem hat sie gerade einen Fortbildungskurs erfolgreich abgeschlossen."	2. Prämisse (Untersatz)

Die Reihenfolge der Prämissen und der Konklusion kann beliebig gedreht werden.

„Frau Mertens hat beim letzten Projekt weitsichtig, zeitnah und teamorientiert zum Erfolg beigetragen."	1. Prämisse (Obersatz)
„Außerdem hat sie gerade einen Fortbildungskurs erfolgreich abgeschlossen."	2. Prämisse (Untersatz)
„Deshalb ist sie eine gute Mitarbeiterin."	Konklusion

Nun liegt ein wertvolles Argument vor. Aus einer schwachen Behauptung wurde ein schlagfertiges Argument.

Fehlerhafte Argumente

Bei unserem Känguru-Beispiel weiter oben konnten wir sehen, dass ein Argument trotz zweier richtiger Vorsätze falsch war.

Obwohl beide Prämissen stimmen, ist die Schlussfolgerung falsch.

Also heißt das: damit die Schlussfolgerung stimmt, müssen beide Prämissen im Argument zusammenpassen.

Wie sieht es mit einem Kamel aus?

„Herr Roberts denkt menschlich."
„Das Kamel handelt menschlich."
„Also ist das Kamel ein Mensch."

Hier stimmt eine der Prämissen nicht – nämlich die zweite. Deshalb ist das Argument nicht akzeptabel. Es ist falsch.

In harten Verhandlungen werden manchmal fehlerhafte Prämissen eingebaut, die beim ersten Hinhören als korrekt erscheinen.

Damit entsteht ein scheinbar richtiges Argument.

Aufpassen, dass Sie sich keine fehlerhafte Prämisse unterschieben lassen!

Das geschieht schneller als erahnt. Nicht jeder Fall ist so leicht wie bei unserem Kamel zu entlarven.

Argumentations-Typen

Argumente können schwach oder stark sein. Zur besseren Übersicht werden Argumente in vier Gruppen von Argumentations-Typen geordnet.

1.	Das Full-Power-Argument	Die Bezeichnung zeigt bereits, dass es sich bei diesem Argument um das stärkste handelt. Es ist schwierig zu widerlegen.
2.	Das High-Power-Argument	Dieses Argument trägt auch noch einen deutlichen Hinweis in seinem Namen auf seine Stärke. Allerdings ist es nicht mehr ganz so überzeugend wie das oben genannte.
3.	Das Low-Power-Argument	Der Name verrät bereits, dass wir in den unteren Bereich der Argumentations-Skala geraten. Aber immerhin gibt es noch eine Chance, mit solch einem Argument zu überzeugen.
4.	Das No-Power-Argument	No Power sagt bereits, dass hinter diesem Argument keine argumentative Kraft mehr steht. Interessanterweise wird es trotzdem manchmal – sogar erfolgreich – eingesetzt.

Um es gleich vorwegzunehmen: Wo immer es geht, sollten Sie mit Full-Power-Argumenten arbeiten. Erst dann, wenn Ihnen diese Typen von Argumenten ausgehen, greifen Sie auf die anderen zurück.

Jetzt werden wir uns den vier Typen der Argumente nähern, um zu sehen, was sie ausmachen und vor allem, wie sie eingesetzt werden können.

1. Argumentations-Typ: Full-Power-Argumente

Lassen Sie uns mit dem stärksten Argumentations-Typ beginnen. Ließen sich die vier Argumentationstypen auf einer Skala einordnen, lägen wir hier ganz oben bei 100 %.

Bei Full-Power-Argumenten wird auf logische Beweise zurückgegriffen. Dadurch, dass die Prämissen 100-prozentig richtig und nicht widerlegbar sind, ist die Konklusion zwangsläufig auch eindeutig.

Full-Power: Logischer Beweis

Logischer Beweis
„Wenn A gleich B ist und B gleich C, dann muss A gleich C sein."

Dadurch entsteht eine 100-prozentige Gültigkeit für diesen Argument-Typ.

Ergänzende Informationen zu diesem Argument sonnen sich gleichzeitig in dieser Gültigkeit.

Argumente dieser Art sind somit nicht zu widerlegen.

Je mehr Full-Power-Argumente Sie in ein Gespräch einbringen können, desto wahrscheinlicher wird es, dass Ihr Gespräch in Ihrem Sinne erfolgreich verläuft.

Nebenstehende Wörter signalisieren, dass Sie mit einem Full-Power-Argument arbeiten.	… mit Sicherheit
	… daraus folgt zwingend
	… deswegen lässt sich eindeutig ableiten
	… zwangsläufig
	… so muss es der Fall sein, dass …

2. Argumentations-Typ: High-Power-Argumente

Bei der zweithöchsten Argumentations-Gruppe, den High-Power-Argumenten, verlassen wir die Ebene der 100-prozentigen Sicherheit.

Sagen wir, wir begeben uns auf 75 %. 75 % drücken keine Sicherheit mehr aus. Deshalb wird hier von einer Wahrscheinlichkeit gesprochen. Immerhin ist die Wahrscheinlichkeit noch ziemlich hoch. Deshalb kann angenommen werden, dass das Argument stimmt. Aber eben nur ‚angenommen werden'.

Das ist genau der Schwachpunkt bei diesem Argument, denn genau hier lässt sich einhaken. Es könnte nämlich immer noch sein, dass die Wahrheit in den restlichen 25 % steckt.

So können wir auch sagen, dass bei dem High-Power-Argument mit starken Erfahrungswerten gearbeitet wird.

High-Power Variante 1: Verallgemeinerungs-Argument

Statistische Verallgemeinerung

> „Immerhin sind 58 % der Befragten der Meinung, dass die Feinstaubbelastung in den Städten reduziert werden soll.
>
> Deshalb müssen wir aktiv werden, um die Reduzierung zu erzielen."

Arbeitet Ihr Gesprächspartner mit statistischen Angaben, wird diesen sehr häufig geglaubt. Offensichtlich neigen Menschen gerade unserer Kultur dazu, statistische Angaben ungeprüft zu übernehmen.

Das ist Ihre Chance. Fragen Sie nach, woher diese statistische Angabe stammt. Ist die genannte Quelle seriös? Ist die genannte statistische Angabe zeitnah oder vielleicht schon uralt?

Kann Ihr Gesprächspartner keine vernünftige Quelle angeben, gerät seine Aussage ins Schwanken.

Damit haben Sie sein Argument geschwächt, vielleicht sogar gestürzt.

High-Power Variante 2: Vergleichs-Argument

Statistischer Syllogismus

„Die meisten Menschen mögen die rote Rose.

Deshalb sollten wir den Festraum mit roten Rosen schmücken."

Weiter oben haben wir beschrieben, was ein Syllogismus ist: Eine Kette von mehreren Schlüssen, der in diesem Fall vom Allgemeinen zum Besonderen geht.

Es wird hier von der – möglicherweise richtigen – Annahme ausgegangen, dass die meisten Menschen eine rote Rose mögen. Das kann gut sein.

Nun wird sich auf diese allgemeine Annahme bezogen. Wenn viele Menschen diese Blume mögen, muss unser Festraum so geschmückt werden.

Dann werden auch unsere Gäste den geschmückten Raum ansprechend empfinden.

Das kann natürlich sein, muss es aber nicht. Nicht unbedingt würden rote Rosen beispielsweise in einen Festraum anlässlich des Tanzes in den Mai passen.

Überlegen Sie deshalb gut, ob diese High-Power-Variante zielführend ist. Wenn nicht, entlarven Sie sie mit einem Gegenargument.

3. Argumentations-Typ: Low-Power-Argumente

Wir nähern uns den schwachen Argumenten. Trotzdem sollen diese nicht außer Acht gelassen werden, erfüllen sie manchmal in Gesprächsrunden trotz ihrer Schwäche den gewünschten Erfolg.

Sie greifen dann, wenn Ihr Gesprächspartner nicht aufpasst, beziehungsweise wenn er das Argument nicht als Low-Power erkennt.

Da bei diesen Argumenten die Konklusion durch die Prämissen nur noch sehr schwach unterstützt wird, geht es hier eher um Plausibilität. Unter Plausibilität wird verstanden: ist eine Annahme oder Aussage plausibel, wirkt sie auf den Gesprächspartner einleuchtend, nachvollziehbar, glaubhaft und verständlich – Achtung: nicht logisch!

Betrachten wir einige Formen dieses Argumentations-Typen.

Low-Power Variante 1: Indizien-Argument

Indizien

„Da vorne im Supermarkt hängt ein großes rotes Schild. Höchstwahrscheinlich gibt es dort ein Sonderangebot."

Über die menschlichen Wahrnehmungs-Sinne wird ein Hinweis erkannt, der in einem anderen Zusammenhang schon häufiger gesehen wurde. Sonderangebote werden häufig mit roten Preisschildern gekennzeichnet. Deshalb ist es in diesem Fall möglicherweise auch so.

In Ihren Gesprächen werden Sie merken können, dass auf solche Hinweise oder Indizien gebaut wird. Hier ist alles andere als die Sicherheit gewährleistet.

Die Wahrscheinlichkeit ist gegeben – allerdings wird eher von einer Vermutung, einer Annahme ausgegangen.

Nichts gegen die Annahme, allerdings heißt das, dass dieses Argument noch lange nicht stimmen muss.

Weisen Sie darauf hin und bringen Sie am besten ein Beispiel, das ein Gegenteil aufzeigt.

Low-Power Variante 2: Autoritäts-Argument

Autorität

„Der Lehrer hat gesagt, dass das Känguru in Australien lebt. Wenn der Lehrer das sagt, dann ist das richtig."

Der Redner hängt sich an die Autorität einer ‚Persönlichkeit'. Das kann jemand sein, der in der beruflichen Hierarchie steht.

Ebenso möglich sind die Eltern oder auch Politiker als Autorität anzusehen.

Gehört wurde als ‚Autorität' auch schon: „Das habe ich im Fernsehen gesehen."

Auch hier lässt sich annehmen, dass das Gesagte stimmt. Aber nur annehmen. Ob es wirklich so ist, prüft der Zuhörer in diesem Moment nicht.

Die Realität zeigt immer wieder, dass auch zwei Profis mit gegensätzlichen Meinungen aufeinandertreffen. In der Politik ist es nicht anders.

Der eine sagt: „Um die Wirtschaft anzukurbeln, müssen die Steuern gesenkt werden."

Der Redner der anderen Partei hingegen meint: „Um die Wirtschaft anzukurbeln, müssen die Steuern angehoben werden." Nun steht Meinung gegen Meinung.

Nicht immer ist zu erkennen – und für den Laien sowieso nicht – welche Aussage stimmt und ob das Gesagte für die Gesprächsrunde greift.

So gilt es, das Gesagte – nach Möglichkeit – auf Richtigkeit zu überprüfen. Stimmt die Aussage – und vor allem passt sie in die gesamte Argumentationsreihe eines Gesprächs – dann ist es natürlich gut.

Ist sie aus dem Zusammenhang gerissen oder nicht beweisbar, soll sie als nutzloses Beispiel entlarvt werden.

Low-Power Variante 3: Analogie-Argument

Analogie (lat. ‚analogia' gleich Ähnlichkeit, Entsprechung)

„Im Mittelalter mussten die Menschen hungern.

Deshalb tut es uns nicht weh, wenn wir mal einen Diättag einlegen müssen."

Eine Situation, die richtig sein kann, wird mit einer anderen (heutigen) Situation verglichen.

Wie es bei Vergleichen häufig üblich ist: meistens hinken sie. Das heißt, als echte Argumente taugen sie nur wenig. Deshalb gehören sie ja auch in diese Gruppe der schwachen Argumente.

Solche Argumente können Sie leicht kippen. „Nur weil es damals so gewesen sein kann, bedeutet es nicht, dass es jetzt so sein muss."

Low-Power Variante 4: Beispiel-Argument

Beispiel

„Mein Nachbar arbeitet bei XXX am Fließband. Wenn er abends nach Hause kommt ist er kaputt. Wie soll er da noch für sein Alter zusätzlich vorsorgen?

Die meisten Menschen sind abends kaputt, weshalb sie nicht zusätzlich für ihre Zukunft vorsorgen können."

Diese Variante ist eine geniale. Sie wählen eine Person aus ihrem Bekanntenkreis aus. Es kann auch eine Person sein, die stellvertretend für eine komplette Gruppe von Menschen steht.

Sie beschreiben nun, was diese Person (vermutlich) erlebt. Anschließend übertragen Sie dieses Verhaltensmuster auf die andere Gruppe beziehungsweise sogar auf die Gemeinschaft.

Argumente dieser Art greifen deswegen, weil sie häufig eine sehr bildhafte Darstellung zeigen. Viele Zuhörer können sich vorstellen, wie der abgeschaffte Arbeiter abends müde auf dem Sofa vor dem Fernseher einschläft.

Gehen Sie gegen solche Argumente problemlos vor. Neben diesem einen müden Nachbarn mag es andere geben, die am Fließband arbeiten und abends noch einmal durchs Viertel joggen, um sich fit zu halten.

Zum Beispiel könnten Sie so vorgehen: „Nichts gegen Ihren Nachbarn. Mein Nachbar hingegen …"

Übrigens: Rhetorisch geschulte Politiker arbeiten mit diesen Argumenten sehr gerne im Wahlkampf.

Wenn Sie wollen, achten Sie einmal darauf.

Low-Power Variante 5: Regel-Argument

Regel

„Betritt ein Kunde eine Boutique, dann soll er einen Tagesgruß aussprechen.

Das ist der Grund, weshalb unsere Mitarbeiter den Geschäftsführer grüßen sollen, wenn er durch die Firma geht."

Weder ist etwas gegen gute Umgangsformen noch zwischenmenschlichen Respekt zu sagen. Die Gesellschaft stellt Regeln und Verhaltensmuster auf, damit der Einzelne problemlos in seinem sozialen Umfeld leben kann.

Allerdings mag es auch Regeln geben, die nicht mehr zeitgemäß sind. Deshalb dienen sie auch nicht als korrektes Beispiel.

Unabhängig davon gibt es genügend Situationen, in denen die Beispiele nicht stimmen. Oder sprechen Sie einen Tagesgruß aus, sobald Sie ein Kaufhaus betreten?

Und nicht vergessen: Nur weil viele etwas für richtig halten, heißt es nicht, dass es auch tatsächlich richtig ist.

Zeigen Sie deutlich, dass das genannte Beispiel auf Ihre Situation überhaupt nicht zutrifft.

Machen Sie klar, dass die Zeiten und damit auch die Ansprüche sich ändern, weshalb auch ein anderer Weg gewählt werden kann.

4. Argumentations-Typ: No-Power-Argument

Nun sind wir bei den Argumenten angelangt, die ‚eigentlich‘ gar keine sind. Wir treffen auf keine Logik, keine hohe Wahrscheinlichkeit oder Vergleichbares, was ein gutes Argument ausmacht.

Oft gibt es gar keine Prämisse. Es wird lediglich eine Behauptung aufgestellt. Oft handelt es sich auch um Fehlschlüsse.

Wie an anderer Stelle bereits erwähnt, werden Sie im beruflichen (und natürlich auch im privaten) Bereich immer wieder mit solchen Schein-Argumenten konfrontiert.

Lassen Sie sich dadurch nicht beeinflussen.

Hin und wieder werden diese No-Power-Argumente auch gezielt als Argumentations-Taktik eingesetzt, um den Gesprächspartner zu überlisten.

Aufpassen, denn manchmal fällt es schwer, diese Argumente zu entkräften. Das liegt daran, dass es keine Begründung gibt.

Diese muss dann vom Gesprächspartner eingefordert werden. Erst dann lässt sich richtig argumentieren.

No-Power Variante 1: Killerphrase

Killerphrase

„Das war schon immer so.“

„Das ist zu teuer.“

An diesem ersten Beispiel sehen Sie bereits, dass lediglich eine Behauptung aufgestellt wird. Es fehlt die Begründung zur Behauptung, weshalb eine vernünftige Diskussion schwierig bis unmöglich wird.

Im nächsten Teil des Buches werden wir darauf eingehen, wie diese Killerphrasen, die immer wieder um die Ohren gehauen werden, wirkungsvoll entkräftet werden können.

No-Power Variante 2: Solidaritäts-Argument

Solidarität
„Wir sitzen alle in einem Boot."

Mit solch einem Solidaritäts-Argument werden die Zuhörer moralisch angesprochen. Und zwar durch das Wort ‚wir'. Wer möchte schon von einer Gruppe ausgeschlossen werden?

Lieber will ich dazugehören und dabei sein. Da die anderen schon mit im Boot sind, wäre es ja dumm, müsste ich im Wasser um mein Überleben kämpfen. Nein, lasst mich lieber mit ins Boot. Mit dieser Taktik wird das Wir-Gefühl angesprochen.

Obwohl gegen diese Taktik erst einmal gar nichts einzuwenden sein muss, sollte im Gesprächsverlauf doch überlegt werden, ob es sinnvoll ist, wenn alle im selben Boot sitzen.

Falls dieses untergeht gingen nämlich alle Darinsitzenden mit unter. Ist das gut so?

No-Power Variante 3: Tabuisierungs-Argument

Tabu
„Das macht man nicht."

Hier tritt einer mit dem erhobenen moralischen Zeigefinger auf. Manch einer mag diesen Spruch aus früherer Kindheit noch im Ohr haben. Mit diesem Satz werden Menschen dazu gebracht, den nicht geschriebenen Regeln des Zusammenlebens zu folgen. Wenn ‚man' etwas nicht macht, dann „gehört sich das nicht". Also: Finger weg!

Wird solch eine Aussage getätigt, kann es einerseits richtig sein, dass entsprechend vorgegangen wird („Wir wollen unsere Kunden nicht belügen."). Das ließe sich als Firmen-Philosophie verstehen.

Klären Sie, ob dahinter lediglich etwas versteckt werden soll.

Falls ja, versuchen Sie das Argument direkt zu drehen. „Natürlich wollen wir unsere Kunden nicht belügen, weshalb ..."

No-Power Variante 4: Traditions-Argument

Tradition

„Das war schon immer so."

„Schon mein Großvater, der den Grundstein zu diesem Unternehmen legte, hat immer …"

Das mag sein. Darum geht es auch nicht, wenn an zukünftigen Abläufen oder Projekten gearbeitet wird.

Nur weil es der Großvater in seiner damaligen Zeit so oder so machte, heißt das lange nicht mehr, dass diese Vorgehensweise in der heutigen Zeit noch als Erfolg bringend zu bezeichnen wäre.

Zeigen Sie, dass die damaligen Überlegungen durchaus korrekt sein konnten.

Das zeigt sehr wahrscheinlich ja auch den Erfolg, den das Unternehmen seither aufweisen konnte.

Machen Sie allerdings deutlich, dass Techniken und Anforderungen seit den Zeiten des Großvaters andere wurden.

Davon ausgehend, dass die ursprüngliche Geschäfts-Idee des Großvaters erfolgreich weitergeführt werden soll, muss nun zeitgemäß überdacht und gehandelt werden.

No-Power Variante 5: Garantie-Argument

Garantie

„Das verspreche ich Ihnen."

Der Sprechende mag von seinem Versprechen überzeugt sein. Aber: Wie will er dieses Versprechen garantieren?

Selbst wenn er aus seiner Sicht absolut überzeugt oder sicher ist, dass alles so kommen wird, wie er vorhersagt, ist das immer noch keine Garantie.

Von heute auf morgen geschehen Dinge, die nicht vorhersehbar waren oder gegebenenfalls sogar niemand für möglich gehalten hätte.

Was nutzt es dann, wenn später gesagt wird „das hat ja keiner wissen können"?

Nichts. Denn damals war durch die Garantieleistung eine Entscheidung getroffen.

Lassen Sie sich auf solche Versprechen nicht ein. Es gibt einfach zu viele Unwägbarkeiten.

Die Praxis zeigt immer wieder, dass berufliche Zusagen, die den Mitarbeitern bei Erfüllung von irgendwelchen Zielen versprochen wurden, dann nicht mehr eingehalten wurden beziehungsweise eingehalten werden konnten.

Das Versprechen ist wertlos geworden.

Aufstellung von Argumenten

Sie erhielten nun eine Übersicht vieler Argumente mit verschiedenen Wirkungs-Stufen.

Gehen Sie in ein Gespräch, legen Sie sich vorher alle möglichen Argumente zurecht, die Ihnen zur Erreichung Ihres Gesprächsziels helfen können.

Im Dialog selbst verpulvern Sie aber nicht sofort alle Argumente, sondern fügen Sie nach und nach dieses und jenes Argument ein.

Reihenfolge der Argumente

Die Frage, die sich nun stellt, heißt: In welcher Reihenfolge sollen die Argumente eingesetzt werden?

Dazu gibt es eine einfache Regel. Diese lautet, dass das zuletzt Gesagte am besten im Ohr bleibt, also am besten behalten wird.

Heben Sie sich demnach Ihr stärkstes Argument bis zuletzt in Ihrer Argumentations-Kette auf.

Damit Sie wissen, wie stark Ihre eigenen Argumente sind, können Sie vor Gesprächsbeginn alle Argumente notieren und nach den oben gezeigten Argumentations-Typen sortieren und anschließend nummerieren.

Starten Sie Ihre Überzeugungs-Strategie mit dem zweitstärksten Argument. Dieses kann, wie wir oben gezeigt haben nur bedingt außer Kraft gesetzt werden.

Am besten gehen Sie nach diesem Schema vor:

Das Beispiel zeigt sieben Argumente. Starten Sie mit Ihrem zweitstärksten und reihen an dieses dann abfallend die anderen Argumente. Ihr stärkstes Argument wird erst an letzter Stelle ins Gespräch eingebracht.

Das schwächste Argument zuerst entwaffnen

Treffen Sie auf einen gut vorbereiteten Gesprächspartner, so wird dieser selbstverständlich auch einige Argumente vorbereitet haben.

Begehen Sie nicht den Fehler, sich sofort auf sein allererstes Argument zu stürzen. Ist dieses ein starkes Argument, tun Sie sich mit der Entwaffnung schwer.

Suchen Sie hingegen sein schwächstes Argument aus. Dieses können Sie in der Regel schnell und einfach entwerten.

Damit haben Sie sozusagen einen ersten Sieg eingefahren. Das motiviert Sie und eventuell motiviert es Ihren Gesprächspartner.

Ihr Gesprächspartner beginnt bereits zu wanken.

Genügend argumentiert?

Liebe Leserin, lieber Leser, jetzt können Sie erst einmal aufatmen. Sie haben sich durch jahrtausendealte und immer noch benutzte Rhetorik bekannter Persönlichkeiten gekämpft.

Sie konnten sehen, wie wichtig die Logik in der Kommunikation sein kann.

Weiter konnten Sie sehen, wie Argumente richtig aufgebaut und gewinnbringend eingesetzt werden.

Ganz deutlich wurden die vier Stufen der Argumentations-Typen vom Full-Power-Argument bis hin zum No-Power-Argument beleuchtet.

Wenn Sie trainierten Rednern lauschen, werden Sie merken, dass diese häufig Argumente einsetzen, um ihre Ideen zu vermitteln. Und zwar Argumente aller vier Stufen.

Ihnen ist es mit dem erlernten Wissen möglich, die Qualität des Arguments zu erkennen. Das lässt Rückschlüsse auf den Wahrheitsgehalt der Aussagen des Sprechers zu.

Am besten erkennen Sie Argumente, wenn diese begründet werden. Wörter wie ‚deshalb‘, ‚weswegen‘ und ähnliche verraten ein Argument. Dadurch gibt es immer (nachvollziehbare) Begründungen für die gemachten Aussagen.

Aufpassen: Diese täuschen allerdings auch schon mal über Fragwürdiges hinweg.

Seien Sie nicht so blauäugig, um anzunehmen, dass Ihre freundlich lächelnden Gesprächspartner so ehrlich und fair mit Ihnen umgehen, wie Sie es mit ihnen täten.

Sie versuchen über den rhetorischen Weg, geschickt ihre Verkaufsargumente ‚an den Mann‘, beziehungsweise ‚an die Frau‘ zu bringen.

Das berufliche Leben arbeitet bedauerlicherweise mit vielen legalen und legitimen Tricks.

Vielleicht treffen Sie auf einen absolut ehrlichen Gesprächspartner. Aber nur vielleicht.

Sehr wahrscheinlich will sich jeder einen rhetorischen Vorteil erarbeiten, um später einen beruflichen Erfolg zu erzielen.

Demnach sind Tricks in Verhandlungen üblich und zu erwarten.

Probieren Sie bei nächster Gelegenheit aus, wie wirkungsvoll Sie selbst mit Argumenten überzeugen können.

Sie werden feststellen, dass es mit etwas Übung gar nicht so schwierig ist, rhetorisch stark zu argumentieren.

Teil 2 – Tödlichen Killerphrasen geschickt begegnen und Einwände professionell entkräften

Einwänden begegnen – Verbale Angriffe geschickt abwehren

Ein Zwischenruf ist eine irritierende Kulturtechnik

Liebe Leserin, lieber Leser, nachdem Sie im ersten Teil des Handbuchs die Grundlagen der Argumentation erhalten haben, wenden wir uns im zweiten Teil zuerst den unfairen aber bedauerlicherweise häufig eingesetzten Killerphrasen zu.

Weiterhin werden wir einige Methoden zeigen, wie Sie Einwände professionell entkräften können.

Sind Sie gerüstet? Dann mal los in die rhetorische Verteidigung.

Gemeine und inhaltsleere Phrasen

Kennen Sie das? Sie formulieren eine tolle Idee und nach einigen Augenblicken wirft Ihr Gegenüber ein: „Dafür haben wir kein Geld!" oder „Das haben wir alles schon mal versucht." Bums, ist Ihre Idee totgetreten. Einfach nur so. Ohne ein echtes Argument, nur mit solch einer schwer zu widerlegenden Behauptung. Hier sprechen wir von sinnlosen aber wirkungsvollen Killerphrasen.

Die destruktiven Killerphrasen

Finden Sie es gut, wenn Ihre kreative Idee gleich durch eine Killerphrase abgewürgt wird? Sicherlich nicht.

Killerphrasen gelten als destruktiv (zerstörend), weil sie die gedankliche Weiterentwicklung deutlich hemmen beziehungsweise hindern. Hier einige negative, aber typische Beispiele:

„So geht das nicht!"

„Das klappt sowieso nicht!"
„Nur so kann das funktionieren!"
„Das ist noch nicht ausgereift!"

„Das war schon immer so."

„Das geht in unserer Firma nicht."

„Versuchen Sie das mal mit unseren Mitarbeitern."

„Das ist zu teuer."

„Das hat noch nie funktioniert."

„Dafür haben wir keine Zeit."

„Dass ausgerechnet Sie das sagen."

„Von Ihnen hätte ich das nicht erwartet!"

„In Deutschland (oder anderswo) geht das nicht."

„Dafür ist unser Unternehmen zu groß/zu klein."

„Das hat schon Ihr Vorgänger versucht."

„Da hat sich schon Frau X die Zähne dran ausgebissen."

„Bringt ja sowieso nichts."

„Steht in keiner Relation."

„Da kriegen Sie nie die Zustimmung (vom Vorgesetzten, vom Chef, vom Vorstand)."

„Da fehlen uns die Maschinen."

„Dazu haben wir kein Know-how."

„Das können wir sowieso nicht."

„Früher hat's auch so geklappt."

„Alles so neumodische Dinge."

„Da kann doch keiner was mit anfangen."
„Sowieso alles Mist."
„Das brauchen wir gar nicht erst zu probieren."
„Unmöglich!"
„Wir leben doch nicht mehr im Mittelalter."
„Das haben wir so noch nie gemacht."
„Absolut nicht machbar."
„Blödsinn! (Schwachsinn, Quatsch, Unsinn usw.)!"
„Das klappt sowieso nicht!"

Diese Liste kann beliebig fortgesetzt werden.

Bestimmt wurden Sie in Verhandlungen oder Verkaufs-Gesprächen mit solchen destruktiven Aussagen schon einmal konfrontiert.

Wir wollen aus den weiter unten stehenden Methoden, Einwände professionell zu entkräften, zwei hier schon anwenden, da sie sich wunderbar dazu eignen, Killerphrasen abprallen zu lassen.

Wir konzentrieren uns auf die **B**umerang-Methode und die **I**solier-Methode. Beide ergänzen wir mit einer dritten Variante: der **G**egenfrage-Methode.

Diese drei kopieren wir unter dem Begriff **BIG**-Methode. Das klingt gut und müsste als Eselsbrücke leicht im Gedächtnis haften bleiben.

Die BIG-Methode

Stellen Sie sich vor, Sie sind Verkäufer/Verkäuferin in einem schicken Autohaus.

Sie erledigen Ihre Arbeit sehr gerne. Von Ihren Produkten sind Sie 100-prozentig überzeugt. Sie sehen sich selbst als gut trainierten Verkäufer.

Ein Kunde betritt den Ausstellungsraum. Er schlendert von einem zum nächsten aufgestellten Fahrzeug. Sie beobachten ihn und können an seiner Körpersprache erkennen, dass er sich deutlich für einen bestimmten Neuwagen interessiert.

Dank Ihrer guten Verkaufs-Schulungen nähern Sie sich dem Kunden, begrüßen ihn und bringen ihn professionell in ein unverfängliches Verkaufsgespräch.

Dabei spüren Sie deutlich, dass er offensichtlich echtes Interesse an einem ausgesuchten Fahrzeug zeigt.

Irgendwann wirft der Kunde folgende Behauptung in den Dialog. „Der ist aber ganz schön teuer." Dabei deutet er auf das Ziel seiner Begierde.

Ein ungeschickter Verkäufer würde nun prompt auf diese Killerphrase reagieren. Beispielsweise so:

Kunde:	„Der ist aber teuer."
Verkäufer:	„Dafür hat er eine Lackierung. In Trendfarbe."
Kunde:	„Die Trendfarbe interessiert mich nicht."
Verkäufer:	„Außerdem ist er mit einem hochwertigen Allround-Audio-Studio ausgestattet."
Kunde:	„Ich höre nur die Nachrichten. Den Rest benötige ich nicht."
Verkäufer:	„Natürlich gibt es zu diesem Fahrzeug noch einen Satz eines hochwertigen Reisesets, das genau in den Kofferraum passt."
Kunde:	„Hab' ich selbst genug davon."

Merken Sie etwas? Der Verkäufer ‚verkauft‘ sich. Er schiebt ein scheinbares Extra hinter dem nächsten her.

Diese Zusatzleistungen ließen sich später viel besser als Boni ‚draufsetzen‘.

Er verspielt mit dieser unprofessionellen Vorgehensweise ein mögliches Verkaufs-Argument nach dem anderen.

Am Ende bliebe dem Verkäufer nichts anderes übrig, als das Fahrzeug unter dem errechneten Preis abzugeben.

Das muss nicht sein. Betrachten wir nun die Vorgehensweise in der BIG-Methode.

BIG-Geld-Bumerang-Methode

Betrachten wir den geschickten Verkäufer – nämlich Sie. Sie fangen die Killerphrase auf und werfen sie wie einen Bumerang zurück.

Versuchen Sie gar nicht, auf die Killerphrase mit Rechtfertigungen zu reagieren. Gehen Sie so vor:

Kunde:	„Der ist aber teuer."
Verkäufer:	„Gerade weil sich solch ein Fahrzeug nicht jeder leisten kann, zeigt der Fahrer einen exklusiven Geschmack."

Sie haben den ‚Teuer‘-Einwurf geschickt zurückgewiesen.

Sie versuchen gar nicht erst den Preis zu rechtfertigen. Ein Begriff wie ‚teuer‘ ist sowieso absolut subjektiv.

Deshalb ist Ihre oben gezeigte Vorgehensweise viel raffinierter. Sie bestätigen unausgesprochen den ‚anspruchsvollen‘ Preis.

Gleichzeitig erwähnen Sie, dass nur eine bestimmte Zielgruppe willens ist, den gewünschten Betrag für das Auto auf den Tisch zu legen.

Sie haben dem Kunden indirekt geschmeichelt.

BIG-Geld-Isolier-Methode

Schauen wir uns die zweite Variante an. Sie isolieren den Preis so, als wäre er gar nicht da.

Kunde:	„Der ist aber teuer."
Verkäufer:	„Lassen wir gedanklich gerade mal den Preis außen vor – würde Ihnen das Fahrzeug trotzdem gefallen?"

Natürlich würde es dem Kunden trotzdem gefallen. Deshalb steht er schließlich vor dem verlockenden Fahrzeug.

Haben Sie es geschafft, den Kunden wieder auf das Auto zu fokussieren – ungeachtet des Preises – können Sie im Verkaufsgespräch fortfahren.

Diese Vorgehensweise ist geschickt. Sie verneinen den Preis nicht – Sie isolieren ihn ganz einfach. So, als würde er keine Rolle spielen; zumindest vorerst nicht.

BIG-Geld-Gegenfrage-Methode

Nun nehmen wir die Vorgehensweise mit der Gegenfrage.

Kunde:	„Der ist aber teuer."
Verkäufer:	„Teuer in Bezug worauf?"

Ha, das war geschickt. Wir haben bereits festgehalten, dass das Wort ‚teuer' subjektiv und damit rhetorisch kaum greifbar ist. Durch die Gegenfrage gelingt es Ihnen, das Teure in Relation zu etwas anderem zu setzen.

So mag der Kunde entgegnen, dass das Fahrzeug teurer ist als das Modell ZZZ vom Mitbewerber.

Das ist Ihre Chance! Jetzt haben Sie ein Vergleichsmodell. Nun ist es Ihnen möglich, die Unterschiede zwischen Ihrem Fahrzeug und dem der Konkurrenz aufzuzeigen. Klar, dass Sie dabei die Vorteile Ihres Autos herausheben.

Machbar?

Sie mögen einwerfen, dass der Kunde eventuell ganz anders reagiert als hier angegeben. Das kann natürlich sein. Verkaufsgespräche haben eine enorme Bandbreite.

Mit der BIG-Methode wird beispielhaft gezeigt, wie ‚relativ' leicht es möglich ist, Ihren Kunden wieder zurück ins Verkaufsgespräch zu bekommen.

Lassen Sie uns ein weiteres Beispiel betrachten. Viele Bachelor-Absolventen kommen durch die vergleichbar kurze Studiendauer schon in jungem Alter auf den Arbeitsmarkt.

Der vermeintliche Vorteil des kurzen Studiums und des frühen Berufseinstiegs wandelt sich plötzlich in einen Nachteil. Der Arbeitgeber wirft dem Kandidaten vor, zu jung zu sein (was die fehlende Berufserfahrung automatisch einschließt).

Im folgenden Beispiel sind Sie die junge Bewerberin beziehungsweise der junge Bewerber.

Sie befinden sich mitten im Bewerbungsgespräch, als Ihr potentieller Arbeitgeber unerwartet einwirft, Sie wären für den Job zu jung.

Gegen Ihr Alter lässt sich nichts einwenden. Sie sind nun einmal so alt (oder jung), wie sie sind.

Aufpassen: Nicht rechtfertigen, resignieren oder gar angreifen. Gehen Sie nach der BIG-Methode vor. Suchen Sie sich eine der drei folgenden Methoden aus.

BIG-Alter-Bumerang-Methode

Arbeitgeber:	„Sie sind viel zu jung."
Bewerber:	„Gerade weil ich so jung bin, komme ich unbeeinflusst und mit neuestem akademischem Wissen in Ihr Unternehmen."

Aus dem Nachteil der Jugend wird nun ein Vorteil. Ältere Kandidaten können verständlicherweise hier nicht mithalten.

Sie selbst sind in eine vorteilhafte Position gerutscht.

BIG-Alter-Isolier-Methode

Arbeitgeber:	„Sie sind viel zu jung."
Bewerber:	„Wenn wir mein Alter unbeachtet lassen – wären Sie von meinen fachlichen Qualifikationen überzeugt?"

Sie konnten den Alters-Einwurf isolieren und das Gespräch auf Ihre Fähigkeiten und Ihre Stärken lenken. So wurde die Killerphrase umfahren.

Das Gespräch richtet sich nun auf die Qualifikationen und kann weitergeführt werden.

Vor allem deswegen, weil Sie Ihre Aussage mit einer Frage abgeschlossen haben. Darauf müsste jetzt der Arbeitgeber antworten.

BIG-Alter-Gegenfrage-Methode

Und schon sind wir bei der dritten Variante angekommen.

Arbeitgeber:	„Sie sind viel zu jung."
Bewerber:	„Jung im Vergleich zu wem?"

Naja, zum Beispiel im Vergleich zu den bisherigen Mitarbeitern. Eben – denn Sie kommen ja gerade erst frisch motiviert und geschult von der Universität.

Schon können Sie Ihre Vorteile herausstreichen.

Machbar!

Die beiden Beispiele (Geld und Alter) stehen stellvertretend für viele andere ‚Vorwürfe', die in Killerphrasen immer wieder auftauchen.

Jede der drei Varianten aus der BIG-Methode kann bereits zum gewünschten – Ihrem gewünschten – Erfolg führen.

Probieren Sie es aus, wenn Sie mit Ihrem Freundeskreis unterwegs sind.

Es ergeben sich bestimmt viele ungewollte Killerphrasen in einem Gespräch, die als Trainingsgrundlage dienen können.

Wie du mir, so ich dir

Sie haben es sicherlich schon erwartet. Wenn andere Killerphrasen anwenden, weshalb dann nicht auch Sie selbst?

Nun, ganz fair ist das natürlich nicht. Versuchen können Sie es ja.

Vielleicht passt Ihr Gesprächspartner nicht auf und Sie können einen Gewinn verbuchen. Guten Erfolg.

Gekonnte Abwehr in Diskussionen

Noch interessanter wird es, wenn Ihr Gesprächspartner Sie mit Einwänden unterbricht. Um gleich klarzustellen: Tatsächlich kann es sein, dass Sie Ihr Gegenüber einfach nicht verstanden hat oder eine tiefergreifende Information sucht.

Sollte er hingegen Einwände formulieren, um Sie aus Ihrer Verkaufsstrategie zu bringen, sind wir beim unfairen Vorgehen.

Ihr Gegenüber unterbricht Sie? Sie haben den Eindruck, Sie sollen provoziert werden? Eine nicht zu unterschätzende Gefahr.

Damit Ihnen nicht die Zügel aus der Hand genommen werden oder Sie vor allen anderen Gesprächsteilnehmern als unglaubwürdig dastehen, gehen Sie wie folgt vor:

Ruhe bewahren und körpersprachlich reagieren

Bewahren Sie vor allem Ruhe.

Bewegen Sie sich, wenn möglich, auf den Gesprächspartner zu. Sitzen Sie, dann beugen Sie sich mit Ihrem Oberkörper vor. Damit verringern Sie die räumliche Distanz und zeigen, dass Sie keine Angst haben.

Nehmen Sie deutlich Blickkontakt auf. Schauen Sie Ihrem Gesprächspartner direkt in die Augen, um Stärke zu demonstrieren.

Und signalisieren Sie nonverbal Zustimmung, indem Sie ihm zunicken und ihn anlächeln.

Verbal aktiv werden

Antworten Sie in kurzen Sätzen. „Ja, aber …" oder viel besser „Ja, und deshalb …"

Vermeiden Sie dabei jegliche Provokation. „Das ist ein interessanter Aspekt und deshalb …"

Hängen Sie Ihrer Antwort eine Frage an, denn wir wissen ja, wer fragt, der führt.

Bitten Sie Ihren Gesprächspartner, Begriffe (genauer) zu definieren. „Was (genau) verstehen Sie unter …?"

Heben Sie den Irrtum des Gesprächspartners deutlich hervor, suchen aber gleichzeitig nach Gemeinsamkeiten.

Empathie zeigen und aktiv wahrnehmen

Versetzen Sie sich während des Dialogs in die Lage des Gesprächspartners.

Überlegen Sie <u>weshalb</u> er Sie unterbricht beziehungsweise diese Frage stellt.

Nehmen Sie deshalb aktiv wahr, was bedeutet, dass Sie die Absicht Ihres Gegenübers erahnen sollen.

Sie können verbale Angriffe des Gesprächspartners auch absichtlich missverstehen oder in einem anderen Sinn benutzen.

Zustimmung

Beenden Sie berufliche Dialoge in beiderseitigem Einvernehmen. „We agree that we don't agree."

Verschieben Sie gegebenenfalls eine weiterführende Diskussion auf das Ende Ihrer Präsentation, auf eine Gesprächspause oder auf einen neuen Termin.

Einwände zum eigenen Vorteil drehen

Es gibt viele rhetorische Möglichkeiten, Einwänden professionell zu begegnen.

Einige davon sollen hier aufgezeigt werden. Nicht jede Methode passt immer und überall.

Deshalb empfehlen wir, dass Sie sich drei oder vier Varianten heraussuchen, mit denen Sie gut umgehen können.

Je nach Gesprächssituation setzen Sie dann eher die eine oder die andere Methode ein; auch empfiehlt es sich hier natürlich, im Vorfeld mit Freunden während eines harmlosen Übungsgesprächs die Einwand-Methoden zu trainieren.

1. Methode: Rückfrage-Methode

Beginnen wir mit der Rückfrage-Methode. Sie wird eingesetzt, um Zeit zu gewinnen.

Zeit, die Sie sich wünschen, um eine vernünftige Antwort zu formulieren.

„Ich habe verstanden, dass Sie mich fragen, …"

Und Sie wiederholen die gestellte Frage mit Ihren eigenen Wörtern.

2. Methode: Rückstell-Methode

Nicht ganz so professionell erscheint die Rückstell-Methode. „Das beantworte ich Ihnen gerne nachher." In einem Seminar oder Meeting mag das möglich sein, wobei das Risiko besteht, dass nachher nicht mehr an die Beantwortung der gestellten Frage gedacht wird.

Bei Gesprächen sollte möglichst sofort geantwortet werden.

Würde die Antwort Ihre Struktur zerstören, können Sie die Rückstell-Methode einsetzen. Geben Sie am besten eine kurze Erklärung, weshalb Sie erst später auf die Frage eingehen werden.

3. Methode: Vorwegnahme-Methode

Genial kann die Vorwegnahme-Methode sein. Sie ahnen bereits, dass Ihrem Gesprächspartner eine Rückfrage auf der Zungenspitze liegt.

Kommen Sie seinen Einwänden zuvor.

Bevor er diese ausspricht, sagen Sie: „Sie mögen annehmen, dass …"

Wenn Sie gut aufgepasst haben und Ihren Gesprächspartner immer gut beobachteten, kann Ihre Trefferquote hier sehr hoch liegen.

Durch Ihre jetzt gemachte Aussage signalisieren Sie Mitdenken. Sie zeigen Gemeinsamkeiten mit Ihrem Gegenüber. Das ist gut.

4. Methode: Vorteil-Nachteil-Methode

Bekanntlich hat jede Münze zwei Seiten.

Gäbe es ausschließlich Vorteile zu Ihrer Idee, bewegten wir uns im Rahmen der Genialität.

Das ist nicht auszuschließen, dürfte aber eher die Ausnahme sein.

Gehen wir deshalb vom Üblichen aus, dass es bei jedem Projekt Vor- und Nachteile geben kann beziehungsweise muss.

Bevor Sie auf Nachteile angesprochen werden, räumen Sie diese bereits in Ihrer Präsentation ein.

Allerdings heben Sie die Vorteile besonders hervor. „Der Nachteil dabei ist, …, der Vorteil hingegen überwiegt …"

Dadurch, dass Sie selbst die Nachteile angesprochen haben, nötigen Sie Ihr Gegenüber nicht, dies zu tun.

Sie garantieren hiermit weitere Harmonie.

5. Methode: Bumerang-Methode

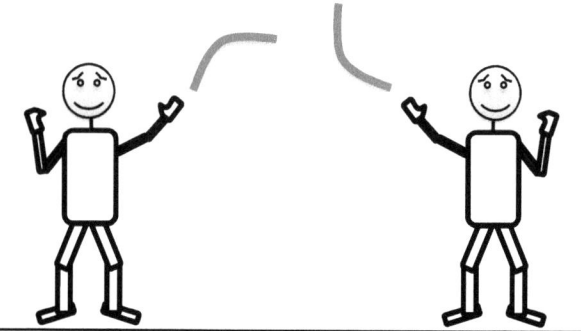

Die Aborigines in Australien machen es uns vor. Sie werfen einen Bumerang weg und dieser kommt in einem großen Bogen zu ihnen zurück.

Vergleichbares lässt sich in der Rhetorik darstellen. Mit dieser Bumerang-Methode gelingt es Ihnen, einen angeblichen Nachteil in einen Vorteil umzuwandeln.

Beispielsweise wirft Ihr Gesprächspartner ein: „Ich will kein Geld unnütz in eine sinnlose Aktion vergeuden."

Sie antworten: „Gerade weil wir/Sie kein Geld unnütz vergeuden wollen, werden ..."

6. Methode: Isolierungs-Methode

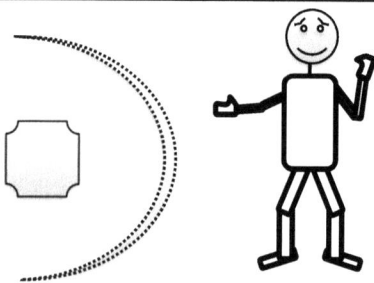

Sollte sich tatsächlich ein unerwartetes Hindernis ergeben, das so in dieser Form gedanklich noch nicht gelöst ist, dürfen Ihre Ideen an diesem einen Fall nicht scheitern. Isolieren Sie dieses Hindernis.

Sagen Sie: „Angenommen, dieses Hindernis gäbe es nicht, dann könnten wir …"

Oder: „Lassen wir in diesem Augenblick einmal das Hindernis außen vor. Betrachten wir lieber …"

7. Methode: Divisions-Methode

Bei der Division-Methode gehen Sie wie folgt vor.

Die Angabe wird durch eine Menge oder Gruppe dividiert. „10.000? Bei 80 Millionen Deutschen sind das gerade mal 0,000125 %."

Aus der hochwirkenden Zahl 10.000 wird nun eine unglaublich kleine Prozentzahl, die kaum ins Gewicht fällt.

8. Methode: Multiplikations-Methode

Die Multiplikation-Methode geht genau umgekehrt vor.

Eine Angabe wird mit einer Menge oder Gruppe multipliziert: „Jeder fünfte?

Bei einer Einwohnerzahl in Köln von knapp einer Million sind das bereits 200.000 Menschen!"

Aus der kleinen Zahl 5 wird plötzlich eine immense Angabe von 200.000.

Es ist klar, dass bei den letzten beiden Methoden zwar nicht gelogen wurde, aber durch die Art der Darstellung eine kleine Manipulation vorliegt.

9. Methode: Offenbarungs-Methode

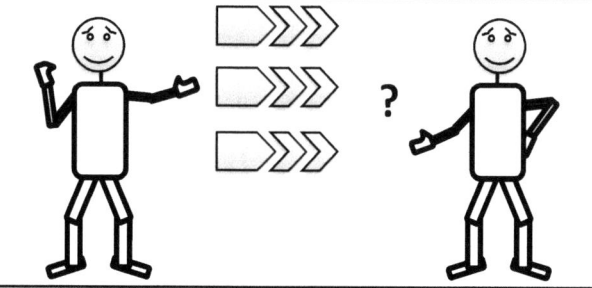

Ihr Gesprächspartner findet ständig neue Gegenargumente.

Fragen Sie ihn: „Unter welchen Umständen würden Sie ..."

10. Methode: Ja, aber-Methode

Stimmen Sie ihrem Gesprächspartner zuerst einmal zu, damit sich der Gesprächspartner nicht bedroht fühlt.

„Ja, das ist korrekt, aber ...", oder, „wie bereits ausgeführt", besser: „Ja, das ist korrekt, und deshalb ...".

11. Methode: Ablenk-Methode

Bringen Sie einfach einen anderen Gesichtspunkt ins Gespräch ein.

„Lassen Sie uns eben unser Augenmerk dorthin richten."

Genug abgelenkt?

Liebe Leserin, lieber Leser, haben Sie es geschafft? Haben Sie erkannt, mit welchen fairen Tricks Sie arbeiten können, um No-Power-Argumente und Einwände ins Leere laufen zu lassen?

Sie konnten lernen, wie mit den alltäglich eingesetzten Killerphrasen umgegangen werden kann.

Lassen Sie diese nicht unkommentiert stehen, sondern nutzen Sie eine der genannten Methoden, um die Killerphrasen ruck-zuck und professionell abzuwenden.

Mit der BIG-Methode wurden Ihnen die notwendigen Werkzeuge in die Hand gelegt. Das gilt für alle möglichen Einwände selbstverständlich auch.

So schwierig ist das alles gar nicht, wenn ein bisschen trainiert wurde. Sie werden sehen, dass es Ihnen nach etwas Übung ganz leicht fällt, unprofessionelle Einwände zu entkräften.

Noch ein weiterer Tipp: Manche Menschen stellen sich selbst ungewollt ein Bein in ihrem Fortkommen. Sie blockieren sich selbst mit zahlreichen Killerphrasen.

„Ich würde gerne ein halbes Jahr beruflich aussteigen und die Zeit auf den Fidschi-Inseln entspannen."

Wunderbar. Aber dann donnern schon die eigenen Killerphrasen den Wunsch in Grund und Boden.

„Das kriege ich sowieso nicht genehmigt."

„Ich kann meinen Arbeitsplatz kein halbes Jahr allein lassen."

„Und außerdem ist das doch alles zu teuer."

Merken Sie, wie schnell ein eigener Wunsch kaputtgemacht werden kann? Sollte Ihr Wunsch ein echter Wunsch sein, vermeiden Sie solche Killerphrasen.

Überlegen Sie lieber, wie Sie vorgehen wollen, um Ihren Wunsch Realität werden zu lassen.

„Wie komme ich an die Genehmigung?"

„Wen schlage ich für das halbe Jahr als Vertretung vor?"

„Wie kann ich den Fidschi-Aufenthalt finanzieren?"

Können Sie sehen, wie sozusagen ‚von der anderen Seite' her gedacht wird?

Es ist zu beobachten, dass Menschen eher zu der einen oder der anderen Strategie neigen.

Gemeint ist damit, dass diese Menschen <u>üblicherweise</u> negativ oder positiv denken. Wen wundert es, dass sich daraus Pessimisten und Optimisten entwickeln?

Nun denken Sie von der positiven Seite her.

Ihr Wunsch rückt in greifbare Nähe. Guten Erfolg – und viel Spaß auf den Fidschi-Inseln.

Teil 3 – Taktiken gegen verbale Listigkeiten

Taktiken gegen verbale Listigkeiten

Fiese Taktiken

Liebe Leserin, lieber Leser, im dritten Teil dieses Handbuchs können Sie herausfinden, mit welchen fiesen Taktiken Ihr Gesprächspartner versuchen wird, Ihre guten Ideen und Ihren Gesprächsaufbau kaputtzumachen.

Bedauerlicherweise gibt es immer wieder Zeitgenossen, denen Ihre Vorgehensweise missfällt. Die Gründe sind oft nicht ersichtlich.

Vielleicht fühlt sich jemand übervorteilt oder übergangen? Möglicherweise hatte er ganz andere Ideen und Ziele, die er durch Sie gefährdet sieht? Oder – er mag Sie einfach nicht.

Egal welche Gründe es sind – lassen Sie sich Ihre Ideen nicht zerstören.

Auch wenn das Wort ‚Listigkeit' harmlos klingt, ist das Vorgehen tatsächlich tiefgreifend und gefährlich.

Werden Sie sofort aktiv und behalten die Oberhand und Regie. Lassen Sie sich nicht einschüchtern. Es sind alles ‚nur' Taktiken.

„Ich weiß was!"

Wer kennt sie nicht, die oberschlauen Gesprächsteilnehmer, die immer alles besser wissen und besser können? Die sich Kollegen gegenüber profilieren wollen oder die einfach ‚nur so' gegen das Gesprächsthema sind.

Oder die als Praktikanten dabeisitzen und es mit einem ‚originellen' aber unwichtigen Einwurf schaffen, einen Austausch problemlos um eine Stunde zu verlängern, da jedes Für und Wider nun ausführlich diskutiert werden muss.

Sie zu erkennen ist leicht. Sie zu entlarven bedarf es geschickter Taktik. Es soll ja nicht so aussehen, als wären Sie in die Ecke gedrängt oder wären entlarvt.

Also, vor allem die Ruhe bewahren und authentisch wie souverän vorgehen.

Das gilt auch, wenn Ihr Gegenüber raffiniert und listig störende Kommentare einsetzt, um Sie zu verwirren.

Angriff oder Verteidigung

Führen wir uns in diesem Zusammenhang das Zitat von Helmuth Graf von Moltke (1800 – 1891) vor Augen: „Der Angriff weiß, was er will. Die Verteidigung befindet sich in dem Zustand der Ungewissheit."

Obwohl wir in einer Gesprächs- beziehungsweise Diskussionsrunde nicht von einem kriegerischen Einsatz sprechen wollen, kommen Begriffe wie ‚Angriff' und ‚Verteidigung' vor.

Übertragen auf die Rhetorik hat hier Moltke Recht, wenn er meint, dass die Verteidigung Ungewissheit darstellt. Das Wort liegt nahe bei Unwissenheit.

Und unwissend wollen Sie als Redner bestimmt nicht dastehen, oder? Sie wissen, was Sie wollen. Sie kennen Ihr Gesprächsziel.

Folgen Sie in diesem Punkt Moltkes Überlegung, anzugreifen. Lassen Sie sich nicht in die Rolle der Verteidigung bringen.

Rechtfertigen Sie sich nicht. Greifen Sie rhetorisch an und bringen Sie sich selbst (wieder) in eine vorteilhafte Position.

Taktik und Gegen-Taktik

Dazu werden Ihnen hier einige Taktiken an die Hand gegeben. Sie helfen, den Gesprächspartner zu verwirren beziehungsweise trickreich zurückzudrängen. Einige der folgenden Taktiken sind angelehnt an Rupert Lay und Rolf H. Ruh-
leder. (Quelle: HMM Hospitality Management Magazin
V/2002)

1. Taktik: Unterbrechungs-Taktik

Der Dialogpartner
unterbricht Sie an-
dauernd.

Legen Sie eine längere Pause ein und fragen dann, ob jetzt
fortgefahren werden kann.

2. Taktik: Großzügigkeits-Taktik

Der Dialogpartner
versucht, Ihre kon-
kreten Fakten als
„ungenau, unpas-
send, unzutreffend
usw." hinzustellen.

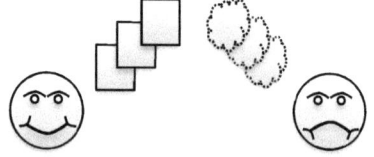

Stellen Sie folgende Frage: „Was würden Sie diesen exak-
ten Angaben entgegensetzen?" Oder „Ich verallgemeinere
hier bewusst, da sich eine grobe Linie nur an solchen Fakten
darlegen lässt."

3. Taktik: Laien-Taktik

Der Dialogpartner spielt den
Ungläubigen und behauptet,
das verstünde er nicht.

Antworten Sie: „Ich komme später im Detail darauf zurück." Oder „Das werden wir sofort haben, einen Moment
Geduld, bitte."

4. Taktik: Wissenschafts-Taktik

Der Dialogpartner zitiert
Lehrmeinungen oder zitiert
(bewusst) falsch.

Antworten Sie: „Das korrekte Zitat lautet ..."

5. Taktik: Fremdwort-Taktik

Der Dialogpartner will Sie
mit Fremdwörtern überlis-
ten.

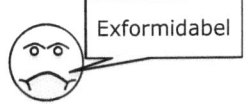

Exformidabel

Lassen Sie das Fremdwort klären: „Was verstehen Sie genau unter ..." oder „Bitte, übersetzen Sie mir das Fremdwort
..."

6. Taktik: Ad-personam-Taktik

Der Dialogpartner
greift Sie persönlich
an: „Die Farbe Ihres
Jacketts entspricht
Ihrer geistigen Hal-
tung."

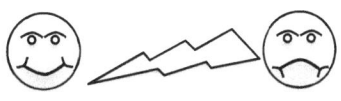

Achtung: Bei persönlichen Angriffen trotzdem sehr höflich
bleiben und nicht emotional reagieren!

Reagieren Sie wie folgt: „Wollen wir nach diesem Ausflug in
den Modesektor wieder zum Thema kommen?" und fahren
Sie direkt mit Ihrer Präsentation fort.

Oder: Lassen Sie Ihren Dialogpartner die negative Aussage
durch Gegenfragen mehrfach wiederholen. „Ich habe Sie
noch immer nicht verstanden".

Das unterstützt Ihre Position vor unbeteiligten Zuhörern.

7. Taktik: Versteckte Angriffe auf das Wissen

Der Dialogpartner verweist auf frühere widersprüchliche Aussagen.

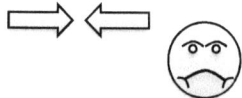

Falls tatsächlich ein Fehler vorliegt, geben Sie diesen zu.

Milde Ausweich-Version: „Sie sehen, ich habe dazugelernt." Oder „Ich wollte nur mal sehen, ob Sie aufpassen."

Heitere Ausweich-Version: „Da können wir sehen, wie schnell sich die Welt ändert, genau das wollte ich sagen."

Harte Ausweich-Version: „Ich halte es mit dem Konrad Adenauer untergeschobenen Zitat: ‚Was kümmert mich mein Geschwätz von gestern?'"

8. Taktik: Verallgemeinerungs-Taktik

Der Dialogpartner verallgemeinert unfair „Alle Chefs sind doch gleich".

Decken Sie die Verallgemeinerung auf und weisen diese zurück. „Sind Verallgemeinerungen hier wirklich am Platz?" Oder „Sind wirklich alle Schweden blond und sind alle Franzosen die besseren Liebhaber?"

9. Taktik: Phrasen-Taktik

Der Dialogpartner sucht anerkennende Zuflucht in höheren Werten (Zum Vaterland stehen oder Vergleichbares).

Stellen Sie direkt eine Gegenfrage und klären Sie, was Ihr Dialogpartner unter seinem Einwurf versteht. Dann aufklären und sofort zurück zur Sache kommen.

10. Taktik: Kompetenz-Taktik

Der Dialogpartner behauptet bei Jüngeren: „Ihre Erfahrung ist einfach zu gering", oder bei Älteren: „Diese Meinung ist nicht mehr zeitgemäß".

Am besten nicht darauf eingehen. Fahren Sie mit Ihrer Präsentation fort.

Oder nutzen Sie das Scheinargument Ihres Gegenübers wie folgt: „Gerade weil ich so jung bin, betrachte ich die Aufgabe aus einer ganz anderen Perspektive."

Oder isolieren Sie das Scheinargument: „Nehmen wir mal an, ich wäre alt/jung genug, …"

Zwingen Sie den Dialogpartner zur inhaltlichen Stellungnahme. Zum Beispiel: „Was spricht denn nun tatsächlich gegen meine Aussage?"

11. Taktik: Aufschub-Taktik

Der Dialogpartner will erst später zu seinem Einwand Stellung nehmen oder kommt mit weiteren Rückfragen.

Bezeichnen Sie diese Vorgehensweise als unfair und fordern sofortige Stellungnahme ein.

Sollte Ihr Dialogpartner sich weigern, müssen Sie zwangsläufig auf ein persönliches Gespräch in der Pause verweisen.

12. Taktik: Verwirrungs-Taktik

Der Dialogpartner benutzt Ihre Redewendungen und zieht bewusst falsche Schlussfolgerungen.

Weisen Sie sofort auf den Verwirrungs-Versuch hin und stellen Sie klar: „Ich habe Folgendes gesagt ..." Oder „Ich wiederhole meine Aussage ..."

13. Taktik: Diversions-Taktik

Der Dialogpartner wechselt unauffällig das Thema, bringt etwas Neues, das Interesse bei den Zuhörern weckt.

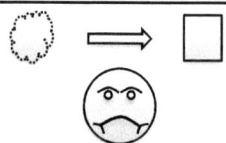

Lassen Sie sich nicht das Zepter aus der Hand nehmen.

Bleiben Sie bestimmt aber höflich. „Darf ich Sie bitten, zum jetzigen Thema zurückzukommen?"

14. Taktik: Entweder-Oder-Taktik

Der Dialogpartner malt extreme Gegensätze auf.

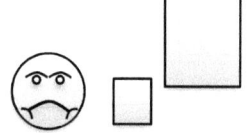

Auch hier gilt: Lassen Sie sich nicht das Zepter aus der Hand nehmen. „Natürlich gibt es immer extreme Beispiele. Aber ich bin sicher, es gibt einen Mittelweg, den wir gemeinsam gehen können."

15. Taktik: Haupt-/Nebensache-Taktik

Der Dialogpartner spielt
eine Nebensache hoch, um
eine Hauptsache zu ver-
drängen.

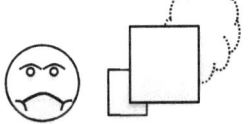

Machen Sie deutlich klar, was die ‚Hauptsache' ist. „Wir
sprechen gerade davon, ob in der Kirche während des Ge-
bets geraucht werden darf. Dass ich bei gutem Cognac und
Zigarren vor dem Kamin ein Gebet sprechen darf, da
stimme ich Ihnen völlig zu. Doch zurück zu meinem Punkt
..."

Mit harten Bandagen gekämpft

Liebe Leserin, lieber Leser, Ihnen darf ein Glückwunsch ausgesprochen werden. Sie haben nun auch die gängigen Taktiken durcharbeiten können, mit denen in Verhandlungen gearbeitet wird. Nicht umsonst heißt es, dass „mit harten Bandagen gekämpft" wurde.

Selbst wenn Ihnen nach solch einem Gespräch der Schweiß auf der Stirn steht, ist es wichtig, dass Sie erfolgreich aus dem Gespräch gehen.

Sie kennen die Taktiken und können sie mit einem gewinnenden Lächeln entkräften. Egal wie viel Kraft Sie (innerlich) tatsächlich aufwenden mussten. Bravo!

Wollen Sie einen vernünftigen Gesprächs-Ablauf torpedieren – was hier natürlich nicht empfohlen werden soll – könnten Sie sich der oben aufgezeigten Taktiken versuchsweise im Training nähern.

Wenn Sie die Taktiken beherrschen, können Sie umgekehrt gegen diese vorgehen, sollte jemand damit gegen Sie arbeiten.

Ausleitung

„Alles ist machbar"

Liebe Leserin, lieber Leser, Sie haben einen schwierigen Teil der Rhetorik in diesem Handbuch bearbeitet.

Es reicht nicht aus, „Recht zu haben". Ausschlaggebend ist, „Recht zu bekommen".

Sie konnten in den großen rhetorischen Bereich der Argumentation und Einwandbehandlung eindringen. Sie konnten sehen, wie die Logik in der Rhetorik plötzlich einen deutlichen Stellenwert erhält.

Das einzelne Wort ist schon wichtig. Die logische Anordnung ist mindestens genauso ausschlaggebend.

Nicht umsonst haben sich die klugen Köpfe der Antike jahrelang mit diesem Thema auseinandergesetzt.

Glücklicherweise haben sie die Wege aufgezeigt, wie wir Rhetorik auch in der heutigen Zeit erfolgreich einsetzen können.

„Alles ist machbar! – Sie müssen es nur wollen!"

Guten Erfolg mit Ihrem Wissen und Ihren Fähigkeiten.

Alles Beste bis zu einem möglichen ‚Wiederlesen' in einem anderen Ratgeber unserer Reihe „Das kleine Rhetorik-Handbuch [2100]".

Horst Hanisch

Stichwortverzeichnis

Knigge als Synonym

Umgang mit Menschen

Suche weniger selbst zu glänzen, als andern Gelegenheit zu geben, sich von vorteilhaften Seiten zu zeigen, wenn Du gelobt werden und gefallen willst.

Adolph Freiherr Knigge, aus dem Buch „Über den Umgang mit Menschen",
1788
(1752 - 1796)

Schon zu seinen Lebzeiten war Adolph Freiherr Knigge (1752 – 1796) umstritten. Knigge setzte sich durch sein energisches Eintreten für die Ziele der Aufklärung, so wie er sie verstand, scharfen Angriffen aus. Er arbeitete als Romanschriftsteller und Satiriker sowie als politischer Schriftsteller. Er gehörte den Freimaurern an. Heute ist Knigge vor allem seines Buches wegen ‚Über den Umgang mit Menschen' (1788) bekannt. Und zwar deswegen, weil sein Werk als Etikette-Buch angesehen wird.

Das große Missverständnis

Knigge verdankt seinen heutigen Ruf und Erfolg aber einem Missverständnis. Denn: Das Werk Adolph Freiherr Knigges gilt als Etikette-Buch ersten Rangs. Allerdings beschreibt Knigge keine Regeln wie mit Besteck umzugehen ist oder das Verhalten bei Tisch, stattdessen offenbart er eine praktische Lebensphilosophie im Umgang mit Mitmenschen. Er gibt Anleitungen und Anregungen, wie mit seinen Mitmenschen richtig umzugehen ist. Knigge hoffte damit, dass die Menschen glücklich und froh miteinander leben könnten. Sein Buch erschien 1788 und war schon kurze Zeit in fast allen Haushalten zu finden. Auch über 200 Jahre nach Erscheinen prägt sich sein Buch im Bewusstsein der Leser als praktisches Handbuch über gutes Benehmen ein.

Über den Umgang mit Menschen

In drei Teilen seines Buches hat Knigge über den Umgang mit verschiedenen Menschengruppen geschrieben, zum Beispiel:

- Über den Umgang mit Leuten von verschiedenen Gemütsarten, Temperamenten und Stimmungen des Geistes und des Herzens (Erster Teil, 3. Kapitel)
- Über den Umgang mit Frauenzimmern (Zweiter Teil, 5. Kapitel)

- Über die Verhältnisse zwischen Herrn und Dienern (Zweiter Teil, 7. Kapitel)
- Über das Verhältnis zwischen Wohltätern und denen, welche Wohltaten empfangen; wie auch unter Lehrern und Schülern, Gläubigern und Schuldnern (Zweiter Teil, 10. Kapitel)
- Über den Umgang mit den Großen der Erde, mit Fürsten, Vornehmen und Reichen (Dritter Teil, 1. Kapitel)

Knigge heute als Synonym für Umgangsformen

Obwohl es heute klar ist, dass Knigge anderes verfolgte, als wir unter seinem Namen verstehen, soll ‚Knigge' als Synonym für den Bereich stehen, dem sich das vorliegende Handbuch widmet.

Wir behandeln das Thema Kommunikation in seinen Details. Ist das nichts anderes als der Umgang mit Menschen?

Gerade davon ausgehend, dass die zwischenmenschliche Kommunikation einen immensen Einfluss auf das Wohl und Gedeih eines Einzelnen nimmt, passt dieser Ratgeber gedanklich zu den Ideen des Freiherrn Knigge.

12 Ratgeber in der kleinen Knigge-Reihe

Der kleine ... -Knigge [2100] (Je € 9,70; 88 Seiten, 12x19 cm, kartoniert)

Anstands- und Banausen-...
Business- und Kunden-...
Büro- und Kollegen-...
Gäste- und Gastgeber-...
Gesellschafts- und Freunde-...
Outfit- und Stil-...

Interkulturelle- und Auslands-...
Bewerbungs- und Vorstellungs-...
Event- und Feste-...
Gastro- und Tischsitten-...
Speisen- und Exoten-...
Trinkkultur- und Getränke-...

12 x kleines Handbuch der Rhetorik 2100

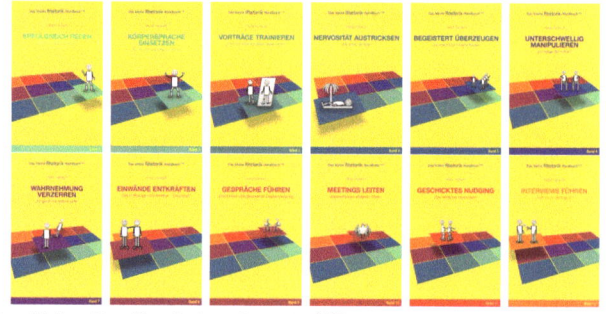

Der kleine Handbuch der Rhetorik [2100] (Je € 9,70; 100 Seiten, 12x19 cm)

Erfolgreich reden
Körpersprache einsetzen
Gezielt trainieren
Nervosität austricksen
Begeistert überzeugen
Unterschwellig manipulieren

Wahrnehmung verzerren
Einwände entkräften
Gespräche führen
Meetings leiten
Geschicktes Nudging
Interviews führen

4 Ratgeber in der Ego-Management-Reihe

Jeder Ratgeber € 14,90, 104 Seiten, A5
Persönlichkeits-Management – Ego-Knigge [2100] Soft Skills, Selbst-Reflexion und Selbst-Bewusstsein

Stress-Management – Ego-Knigge [2100] Lampenfieber, Stressoren, Gerüchte, Mobbing, Burnout, Stressvermeidung
Zeit-Management – Ego-Knigge [2100] Umgang mit der Zeit, Organisation von Arbeitsabläufen, Perfektionismus, Zielsetzung
Gedächtnis-Management – Ego-Knigge [2100] Gehirn, Intelligenz, Schwachsinn – Hochbegabung, Gedächtnis, Lerntechniken

4 Ratgeber in der Reihe Lebenseinstellung

Jeder Ratgeber € 12,95, 160 Seiten, A5
Aberglaube-Knigge [2100] Von schwarzen Katzen, der linken Hand des Teufels und den Glücksbringern

Lügen- und Egoismus-Knigge [2100] Überleben durch Flunkern, Schummeln und Täuschen! Macht, Respekt, Wertschätzung? Lebenslüge und Lebensschutz
Glücks-Knigge [2100] Vom Glücklichsein, positiven Denken und von Freundschaften
Angst- und Optimismus-Knigge [2100] Die Furcht beherrschen, Ängste nutzen und positiv durchs Leben gehen

3 Ratgeber Bräutigam, Braut, Brautpaar

Bräutigam-Knigge [2100] Verlobung und Polterabend, Schwiegereltern und das Ja-Wort, Hochzeits-Outfit und Hochzeits-Kutsche
Braut-Knigge [2100] Brautkleid und Accessoires, Das große Hochzeitsfest, Höhepunkte und Hochzeitstanz
Brautpaar-Knigge [2100] Historisches und Sonderbares, Planung und Organisation, Aberglaube und Hochzeitsbräuche
Jeder Ratgeber € 15,90, 104 Seiten, A5, kartoniert

2 Ratgeber Selbst-Coaching

Jeder Ratgeber € 12,95, 120 Seiten, A5
Selbstbewusstsein Knigge [2100] Ich bin, ich kann, ich will. Das eigene Leben bestimmen, Soft Skills, The Winner 1
Selbstwertgefühl Knigge [2100] Steh auf! – Werde aktiv! – Zeige Profil! Das eigene Leben beeinflussen, Motivation, The Winner 2

Leben und Lifestyle

Das kleine Knigge-Quiz [2100] € 9,70; 96 Seiten, 12x19 cm, kartoniert
Jugend-Knigge [2100] Knigge für junge Leute und Berufseinsteiger, €
15,90; 152 Seiten
Zukunfts-Knigge [2100] Verfall der Sitten und Verlust der Wertschätzung?
Umgangsformen in 100 Jahren. Zusammenleben mit Menschen, Maschi-
nen und menschenähnlichen Robotern, € 14,95; 172 Seiten A5 karto-
niert
Hochzeits-Knigge [2100] Hochzeitsbräuche, Geschenke, Brautjungfer,
Trauung, Festgäste und Festmahl, € 29,95; 310 Seiten A5
Ü65- und Senioren-Knigge [2100] Die junge Alten und die alten Jungen,
Kommunikation und Verständnis zwischen den Generationen, Einsamkeit
und technischer Fortschritt, € 19,95; 180 Seiten A5
Blumen-Knigge [2100] Historisches, Mystisches, Festliches, Blumen-Spra-
che, Umgang mit Blumen-Präsenten, € 19,95; 144 Seiten A5
Bekleidung! Ausdruck der Persönlichkeit – Lukas' Outfit-Knigge
[2100], € 19,95; 196 Seiten A5
Nudel-Knigge [2100] Himmlische Teigwaren, € 17,95; 140 Seiten A5
Der Interkulturelle Kompetenz-Knigge [2100] Kultur, Kompetenz, Ein-
drücke – Gesten, Rituale, Zeitempfinden – Berichte, Tipps, Erlebnisse, €
29,95; 240 Seiten A5
Wertschätzung-Knigge [2100] Gleichberechtigung, Gender und Respekt,
Sexuelle Orientierung, Umgang bei Diskriminierung und Mobbing, €
14,95; 152 Seiten A5
Dschungel-Knigge [2100] Umgang in ungewohnter Umgebung, € 23,95;
192 Seiten A5
Der Dicke-Knigge [2100] Aus dem prallen Leben des Dicken, € 15,90; 104
Seiten A5
Typisch Frau – Typisch Mann Knigge [2100] Unterschiede und Gemein-
samkeiten im Umgang mit dem anderen Geschlecht, € 12,95; 128 Seiten
A5
Kulinarischer und Gastronomischer Knigge [2100] Von Events, Feiern,
Aperitif über Esskultur, Speisen und Getränken zu zeitgemäßen Tischsit-
ten, € 26,50; 284 Seiten A5
Klo- und Pinkel-Knigge [2100] Vom privaten und öffentlichen Bedürfnis -
Umgangsformen im Tabu-Bereich, € 13,50; 104 Seiten A5
Omi hüpf' mal Märchen meiner Großmutter, Erlebnisse ihre Jugend und
wahre Geschichten meines Vaters von und über Omi Rickchen, Hardco-
ver, € 29,95; 312 Seiten
Der Hunde-Knigge [2100] Umgang mit dem Hund – Hundesprache – Der
Hund in der Gesellschaft, € 17,95; 180 Seiten A5
Welcome to Germany-Knigge [2100] Umgangsformen, Verhaltensmuster
und gesellschaftliches Miteinander im deutschsprachigen Europa, €
11,99; 108 Seiten A5
Besuch willkommen Knigge [2100] Einladung, Gast, Geschenk, Empfang,
Feier, Gastfreundschaft, € 14,95; 200 Seiten A5
Leben, Tod und Ansichten Austausch mit Berühmtheiten über Wichti-
ges und Unwichtiges im Leben, € 12,95; 116 Seiten A5
Leben, Tod und Überlegungen Austausch mit Berühmtheiten über
Größe, Ewigkeit und Spaß im Leben, € 12,95; 116 Seiten A5
Tod, Trauer, Totenkult-Knigge [2100] Sterben, Trost, Takt, Bestatten,
Tradition, Vorsorge, Tabus, Vergänglichkeit und Sonderbares, € 17,95;
212 Seiten A5

Leben und Lifestyle

Rhetorik, Soft Skills, Hochschule, Beruf

Rhetorik ist Silber Von den ersten Schritten zu einer perfekten Präsentation, € 17,90; 144 Seiten A5, kartoniert, Zeichnungen
Moderation ist Gold Gesprächsführung, Umfragen, Talkrunden und Manipulation, € 17,90; 144 Seiten A5, kartoniert, Zeichnungen
Lebhafte Körpersprache in Vorträgen, Präsentationen, Gesprächen, € 17,90; 144 Seiten A5, kartoniert, ca. 290 Zeichnungen
Rhetoric – Mastering the Art of Persuasion, € 22,90; 144 Seiten A5, kartoniert
Discussion – Mastering the Skills of Moderation, € 22,90; 144 Seiten A5, kartoniert, Zeichnungen
Body Language in Europe, € 22,90; 144 Seiten A5, kartoniert, ca. 290 Zeichnungen
Körpersprache – Lüge, Verrat, Macht, Im Beruf, vor Gericht, beim Flirt – Gewinnerpose und Demutshaltung – Drohung und Zuneigung; € 29,95; 364 Seiten A5, kartoniert, über 400 Zeichnungen
Das große Buch der Rhetorik [2100] Tacheles reden; Präsentieren; manipulieren und überzeugen, € 37,45; 332 Seiten A5, kartoniert, viele Darstellungen
Trickreiche Rhetorik [2100] Psychologische Gesprächsführung, manipulierende Darstellung, unaufdringliches Nudging, € 37,45: 300 Seiten A5, kartoniert, Zeichnungen
Soft Skills-Knigge [2100] Soziale, Persönlichkeit, Selbstmanagement, € 37,45; 324 Seiten A5, kartoniert, viele Darstellungen
Schlagfertigkeit-, Spontaneität-, Stegreif-Knigge [2100] Impulsiv handeln, verbale Angriffe kontern, Störungen entwaffnen, € 13,50; 104 Seiten A5
Pitch Skills und Überzeugungs-Knigge [2100] Elevator Pitch, Geldgeber beeindrucken, Feuer versprühen, € 13,50; 128 Seiten A5, kartoniert
Smalltalk-Knigge [2100] Vom kleinen Gespräch bis zum charmanten Flirt - Kontakt ausbauen, Sympathie zeigen, Begehrlichkeit wecken, € 13,50; 100 Seiten A5
Quassel-Knigge [2100] Quasseln, Quatschen, Quengeln oder Lebenswichtige Kommunikation – Gezielt eingesetzte Rhetorik – Aussagekräftiges Profil zeigen, € 13,50; 112 Seiten A5
Hochschul-Knigge [2100] Studentischer Umgang in und außerhalb der Hochschule am Beispiel der Cologne Business School, 132 Seiten A5, kartoniert, Fotos
Jugend-Karriere-Knigge [2100] Schule und Studium, Netzwerk und Klüngel, Erfolg und Risiken, € 19,95; 224 Seiten A5, kartoniert, Zeichnungen, Checklisten
Bewerbungs-Knigge [2100] **für Frauen – Tina bewirbt sich / Bewerbungs-Knigge** [2100] **für Männer – Tom bewirbt sich**, Vorbereitung, Wahl der Kleidung, Verhalten beim Bewerbungsgespräch, je € 19,70; 128 Seiten A5, kartoniert, Fotos, Checklisten
Kreativitäts-Knigge [2100], Visionärhaft denken, Scheuklappen sprengen, Mentales Risiko eingehen, € 14,95; 164 Seiten A5, kartoniert
Team und Typ-Knigge [2100], Ich und Wir, Typen und Charaktere, Team-Entwicklung,
€ 14,95; 128 Seiten A5, kartoniert, viele Darstellungen
Die flotte Generation Y im 21. Jahrhundert, selbstbewusst – lebensbetonend – flexibel. Wie mit der Generation Y zielorientiert und erfolgreich gearbeitet werden kann,
€ 12,95; 116 Seiten A5, kartoniert, Zeichnungen
Die flotte Generation Z im 21. Jahrhundert, entscheidungsfreudig – effizient – eigenverantwortlich. Wie mit der Generation Z zielorientiert und erfolgreich gearbeitet werden kann, € 12,95; 140 Seiten A5, kartoniert, Zeichnungen

Rhetorik, Soft Skills, Hochschule, Beruf

Englisch:

Beratung, Coaching, Seminar

Wer hat nicht gerne mit Menschen zu tun, die selbstbewusst und selbstsicher mit anderen Menschen umgehen?

Geschäftspartnern, die die elementaren Regeln des ‚Benimms' beherrschen, stehen die Türen zum Erfolg offen.

Unternehmen, die neben ihrer fachlichen Leistung auch ‚menschlich' überzeugen wollen, bieten wir für ihre Mitarbeiterinnen und Mitarbeiter aktives Training im Umgang mit Kunden, Gästen, Kollegen und Gesprächspartnern an.

Auf unserer Website informieren wir Sie über unsere Angebote:

- Firmen-Internes-Training
- → Business-Etikette und das Lehrmenü
- → Präsentieren, Moderieren, Kommunizieren
- → Körpersprache und ihre Geheimnisse
- Offen ausgeschriebene Seminare
- → Teuflische Rhetorik
- → Flottes Reden vor und zu anderen
- → Der erste Eindruck

- → Ladies Power
- Individuelles Einzelcoaching
- → Authentisches Auftreten
- → Dress for Success
- → Verhandlungstechniken
- → Persönlichkeit
- Interkulturelles Training
- Freundlichkeits-Checks in Unternehmen
- Workshops

- → Soft Skills
- → Team-Training
- → Intensiv-Training für TV-Auftritte
- → Vorträge
- → Präsentationen
- → Reden
- Fachliteratur und Arbeitsunterlagen
- Vorträge/Speaker
- → Vor kleinem und vor großem Publikum

Individuelles Coaching für Einzelpersonen: Und, wer es ganz individuell mag, greift zurück auf ein Einzel-Coaching. Hier werden ganz persönliche Herausforderungen angegangen, mit Themen wie:

- Interkulturelle Kompetenz
- Selbstsicheres Auftreten
- Präsentations-Techniken
- Erfolgreiche Verhandlungsführung

- Der Erste Eindruck
- Bewerbungtraining
- Rhetorik und Überzeugungskraft

und andere Themen – direkt auf die besonderen Bedürfnisse des Einzelnen zugeschnitten. Besuchen Sie uns auf www.knigge-seminare.de